JOURNAL
DES
GONCOURT

— MÉMOIRES DE LA VIE LITTÉRAIRE —

TROISIÈME SÉRIE — DEUXIÈME VOLUME

TOME HUITIÈME

1889-1891

DEUXIÈME MILLE

PARIS
BIBLIOTHÈQUE-CHARPENTIER
G. CHARPENTIER ET E. FASQUELLE, ÉDITEURS
11, RUE DE GRENELLE, 11

1895

JOURNAL

DES

GONCOURT

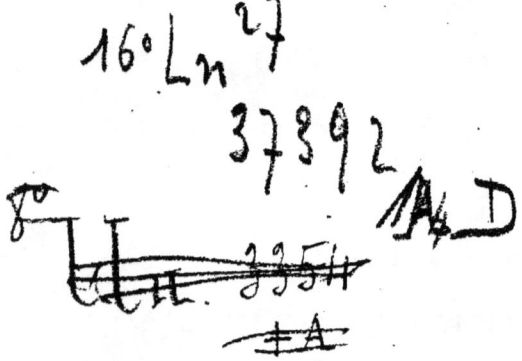

IL A ÉTÉ TIRÉ

Cinquante exemplaires numérotés sur papier de Hollande.

Prix : 10 fr.

Quinze exemplaires numérotés sur papier du Japon.

Prix : 15 fr.

JOURNAL

DES

GONCOURT

MÉMOIRES DE LA VIE LITTÉRAIRE

TROISIÈME SÉRIE — DEUXIÈME VOLUME

TOME HUITIÈME

1889-1891

DEUXIÈME MILLE

PARIS

BIBLIOTHÈQUE-CHARPENTIER

G. CHARPENTIER ET E. FASQUELLE, ÉDITEURS

11, RUE DE GRENELLE, 11

1895

Tous droits réservés.

«ANNÉE 1889

JOURNAL
DES GONCOURT

ANNÉE 1889

Mardi 1ᵉʳ janvier. — Je voudrais encore livrer la bataille de la PATRIE EN DANGER, puis cela fait, ne plus rien faire, et avec l'argent de GERMINIE LACERTEUX, paresser, *lézarder*, tout le restant de l'année à l'Exposition, en buvant les vins réputés les meilleurs, et en mangeant les cuisines les plus cosmopolites, les plus exotiques, les plus extravagantes.

Vendredi 4 janvier. — Il y a des lâchetés qui se produisent chez un homme, absolument par la détente du système nerveux. Cette préface, dans laquelle je voulais dire son fait à la critique, cette préface jetée sur le papier dans un premier moment de surexcitation, je ne la publierai pas, parce que je ne me sens plus capable de la parfaire, telle que je l'avais conçue dans la fièvre de l'ébauche, et je dirai même, que je ne me sens plus la vaillance d'en subir les conséquences.

. . . .

Mademoiselle *** avait commencé par me parler de la pièce, et m'avait dit qu'au moment, où Dumeny carotte à Réjane les quarante francs de la sage-femme, elle avait entendu derrière elle, une voix qui jetait à un voisin, injuriant la pièce et l'auteur : « Je vous défends d'insulter un homme de ce talent ! » et que s'étant retournée, elle avait aperçu un jeune homme d'une ressemblance parfaite avec moi, un de Goncourt de 25 ans. Je ne crois pas cependant avoir de petits Goncourt de par le monde.

Samedi 5 janvier. — A regarder l'eau-forte d'un crépuscule (*Sunset in Tipperary*) de Seymour Haden, cette eau-forte, où existe peut-être le plus beau *noir velouté*, que depuis le commencement du monde, ait obtenu une pointe d'aqua-fortiste, à la regarder, dis-je, ce noir fait, au fond de moi, un bonheur intérieur, une petite ivresse, semblable à celle que ferait naître chez un mélomane, un morceau de piano d'un grand musicien, joué par le plus fort exécutant de la terre.

Lundi 7 janvier. — Ce soir, après un dîner, donné chez moi, au ménage Daudet, à Oscar Métenier et à Paul Alexis, Métenier nous lit la pièce, qu'il a tirée, en collaboration avec Alexis, des FRÈRES ZEMGANNO.

C'est chez les Daudet et chez moi, avec une grande émotion, un étonnement qu'ils aient pu tirer du livre, une chose scénique. Très bien machinée la pièce, et une œuvre toute délicate, toute artiste.

Je me félicite de l'idée que je leur ai donnée — contrairement à l'opinion de Zola — de rester fidèles au roman, de ne pas introduire d'amour, et de faire seulement de la Tompkins une silhouette fantasque, trouvant qu'ainsi comprise et réalisée, la Tompkins fait la pièce originale.

Après la lecture, Métenier me dit : « Voulez-vous que je vous raconte la genèse de la pièce ? C'est Antoine qui, un soir, me jeta : « Mais comment ne « faites-vous pas une pièce des FRÈRES ZEMGANNO ?... Il y « aurait une pièce si curieuse à faire ! » Je rentrai chez moi, la nuit, je relus d'un coup le roman, et le matin, j'écrivais à Alexis pour avoir sa collaboration, en même temps que je vous demandais l'autorisation pour faire la pièce. Quelques jours après, on m'apportait une lettre de vous, datée de Champrosay, et nous nous mettions de suite à collaborer. »

Mardi 8 janvier. — Dans cet Auteuil, dans cette banlieue cléricale et dévote, les curés ont soulevé

1.

contre ma pièce et ma personne, les imbéciles qui les écoutent, et aujourd'hui le papetier chez lequel Blanche a l'habitude d'aller, lui disait avec une exaspération amusante : « On ne conçoit pas qu'on ait laissé jouer une pièce, où on dise de telles horreurs ! »

Réjane m'apporte une grande photographie de sa personne sur son lit d'hôpital.

Mercredi 9 janvier. — Bourget, qui dîne ce soir chez la princesse, me raconte la mort de Nicolardot, qui, transporté de sa chambre de misère dans un lit bien chaud d'hôpital, au milieu de toutes les aises de la maladie, n'a pas duré quatre heures, tandis que peut-être, il aurait encore vécu des mois dans la sordide maison qu'il habitait... Le voilà mort, et voilà les personnages de son enterrement : Coppée, un académicien ; Mlle Barbier, la fille du conservateur de la bibliothèque du Louvre, où je l'ai rencontrée deux ou trois fois : une sainte prise de commisération pour ce misérable ; le propriétaire de la maison de prostitution qu'il habitait ; et un quelconque.

Le quelconque et l'académicien n'avaient point de livres de messe, mais le bordelier entre ses mains en tenait un du plus grand format, en sorte que Mlle Barbier donna le bras à l'homme infâme.

L'ironique enterrement, qui s'est terminé, Mlle Barbier partie, par cette phrase du ribaud : « Oui, très gentil, ce monsieur Nicolardot... oui, tous les matins, il *poussait une petite blague* aux femmes de ma maison! »

Dimanche 13 janvier. — Ce soir, Porel vient dans la loge, où sont avec moi Daudet et sa femme désireuse de revoir la pièce. Il nous dit qu'il se passe des choses, dont nous ne pouvons nous douter, et qu'il nous dira longuement, un jour. Toutefois, il nous raconte qu'il a reçu le samedi, seulement le samedi, un télégramme l'avertissant qu'à la suite d'une décision prise au conseil des ministres, la matinée du lendemain, annoncée depuis plusieurs jours, était supprimée. Il était aussitôt allé au ministère, demandant qu'on lui permît d'afficher *par ordre*. Mais le ministère n'avait pas eu le courage de la décision qu'il avait prise sur la demande de Carnot, et on lui refusait le « par ordre ».

Une preuve incontestable de l'hostilité de Carnot contre la pièce, est ceci. Carnot allait à la première de HENRI III, comme protestation, et là, dans sa loge des Français, il faisait appeler le directeur des Beaux-Arts, et devant le monde présent, disait que c'était une honte d'avoir laissé jouer GERMINIE LACERTEUX.

Enfin, il est positif que le ministère a envoyé des agents aux représentations, pour étudier la salle, et se rendre compte, si d'après les dispositions du public, on pouvait supprimer la pièce.

Lundi 14 janvier. — L'émotion de la bataille théâtrale, je la supporte très bien, excepté au théâtre ; là, mon moral n'est pas maître de mon organisme, je sentais hier à l'Odéon, mon cœur battre plus vite sous un plus gros volume.

On finira par m'exorciser, ici comme le diable du théâtre. Pélagie rougit à la dérobée de me servir, et n'a pu s'empêcher toutefois de me dire aujourd'hui : « Vraiment, tout le monde à Auteuil trouve votre pièce pas une chose propre ! » et cette phrase dans sa bouche est comme un reproche de sa propre humiliation. Ah ! les pauvres révolutionnaires dans les lettres, dans les arts, dans les sciences !

Mercredi 16 janvier. — M. Marillier, agrégé de philosophie, qui a fait un article en faveur de GERMINIE LACERTEUX, vient me voir. Il a assisté à six ou sept représentations, a étudié le public, et me donne quelques renseignements curieux. J'ai pour moi tous les étudiants de l'École de médecine, et pour moi encore les étudiants de l'École de droit, — mais ceux qui ne sont pas assidus au théâtre, les étudiants pas *chic*, les étudiants peu fortunés. Le monde des petites places est également très impressionné par la pièce, et M. Marillier me disait, que les étudiants avec lesquels il avait causé, étaient enthousiasmés de l'œuvre.

A neuf heures je quitte la rue de Berri, et me voici

chez Antoine, au haut de la rue Blanche, dans cette grande salle, dont on voit de la cour les trois hautes fenêtres aux rideaux rouges, comme enfermant un incendie. Là dedans, un monde de femmes aux toilettes pauvres, tristes, passées, d'hommes sans la barbe faite et sans le liséré de linge blanc autour de la figure, et au milieu desquels se trouvent quelques poètes chevelus, dans des vêtements de croque-morts.

La PATRIE EN DANGER est lue par Hennique et Antoine, et saluée d'applaudissements à chaque fin d'acte.

Mardi 22 janvier. — Aujourd'hui, Gibert le chanteur de salon, racontait qu'il y avait un médecin à Paris, dont la spécialité était le massage des figures de femmes, et qu'il obtenait des résultats étonnants, refaçonnant un visage déformé par la bouffissure ou la graisse, et lui redonnant l'ovale perdu. Enfin, ce bienfaiteur de la femme de quarante ans, détruit les rides, triomphe, oui, triomphe même de la patte d'oie, et la ci-devant très belle Mme *** est sa cliente assidue.

A propos de ces rides, je disais que la figure était comme un calepin de nos chagrins, de nos excès, de nos plaisirs, et que chacun d'eux y laisse, comme écrite sa marque.

Un moment avec Zola je cause de notre vie

donnée aux lettres, donnée peut-être comme elle n'a été donnée par personne, à aucune époque, et nous nous avouons que nous avons été de vrais martyrs de la littérature, peut-être des *foutues bêtes*. Et Zola me confesse qu'en cette année, où il touche presque à la cinquantaine, il est repris d'un regain de vie, d'un désir de jouissances matérielles, et s'interrompant soudain : « Oui, je ne vois pas passer une jeune fille comme celle-ci, sans me dire : Ça ne vaut-il pas mieux qu'un livre ! »

Jeudi 24 janvier. — Larousse m'apporte la vitrine pour la collection, que je m'amuse à faire des petits objets à l'usage de la femme du XVIIIe siècle, objets de toilette et de travail féminin, et quand la vitrine est à peu près garnie de Saxe, de Sèvres, de Saint-Cloud, de ces blanches porcelaines à fleurettes, montées en or ou en vermeil, de ces porcelaines si claires, si lumineuses, si riantes, et d'un pimpant coup d'œil sous les glaces de la vitrine, je me demande si ma passion du Japon n'a pas été une erreur, et je pense à quelle étonnante réunion de petites *jolités* européennes du siècle que j'aime, j'aurais pu faire, si j'y avais mis l'argent que j'ai mis à ma collection de l'Extrême-Orient.

Au fond cette vitrine me guérit un peu de la japonaiserie, et ça arrive bien, au moment, où il ne s'exporte plus rien du Japon que du moderne, et où, lorsqu'il vient par hasard chez Bing, un bibelot ancien ayant la moindre valeur, le prix en est absurde.

Vendredi 25 janvier. — Tout bien considéré, en la détente de mes nerfs, en l'usure de ma colère contre les critiques, je trouve trop bête à mon âge et dans ma position, de me procurer l'occasion de me battre. Ce n'est pas que je regrette de ne l'avoir pas fait plus tôt, parce que, si je m'étais battu une ou deux fois, je suis bien certain que la critique ne friserait pas l'insulte, ainsi qu'elle le fait parfois avec moi. Oui, se battre, je crois cela nécessaire, utile, préservateur pour tout homme de lettres, à son entrée dans la littérature ; et vraiment, si je ne me suis pas battu, ce n'est pas ma faute, car j'ai eu une très grande envie de me battre, lorsque M. Anatole de La Forge nous a injuriés, lors de la représentation d'HENRIETTE MARÉCHAL. Mais mon frère, en sa qualité de plus jeune, a voulu passer absolument le premier, et en dehors du sentiment paternel que j'avais à son égard, je le connaissais avec sa paresse de corps et son horreur pour les exercices violents et l'escrime, destiné à rester sur le terrain, tandis que moi qui tirais très mal, qui ne tirais pas du tout, j'avais cependant un jeu difficile, déconcertant même pour ceux qui tiraient bien.

C'est très supérieur le *silence hautain*, dont on me

fait compliment, mais je trouverais encore plus triomphante la réplique à la critique, et telle qu'aucun écrivain de l'heure présente, n'ose la faire, la réplique sans merci ni miséricorde.

Samedi 26 janvier. — Paris ! on n'y voit plus que des affiches et des colleurs d'affiches. Contre la palissade qui entoure la ruine de l'Opéra-Comique, cinq colleurs se rencontrent nez à nez, et se mettant à brandir leurs pinceaux et à danser, s'écrient : « Nous sommes tous des Jacques ! »

Mes amis ont voté ce matin pour Jacques. Moi, si j'avais voté, j'aurais voté pour Boulanger, quoique ce soit l'inconnu, mais si c'est l'inconnu c'est la délivrance de ce qui est, et je n'aime pas ce qui est, et à l'avance j'aime n'importe quoi qui sera — quitte à ne pas l'aimer après. Mais fidèle à mes habitudes je n'ai pas voté, n'ayant jamais voté de ma vie, intéressé seulement par la littérature et non par la politique.

Ce soir, sur les boulevards, une foule immense, traversée par des bandes chantant sur un ton ironique : « Tu dors, pauvre Jacques ! » Et cela, à chaque fois, qu'apparaissent aux transparents des journaux, les chiffres de la majorité écrasante du général Boulanger.

C'est curieux tout de même, cette popularité inexplicable de cet homme qui n'a pas même une petite victoire à son compte, cette popularité chez les ouvriers, les mercenaires, les petites gens de la banlieue : ça ne peut s'expliquer que par une désaffection de ce qui est.

Dimanche 27 janvier. — Une veuve confessait, ce soir, le besoin que la femme a d'un mari, d'un amant, en disant qu'elle se sentait le besoin d'un appui moral.

Jeudi 31 janvier. — Aujourd'hui, je lisais dans le compte rendu d'un livre, je crois du docteur Richet, qu'il définissait le génie par l'originalité. « Car, écrivait-il, qu'est-ce que l'originalité : c'est *penser en avant de son temps.* »

Vendredi 1ᵉʳ février. — Je m'amusais à regarder aujourd'hui un exemplaire de IPPITZOU GWAFOU « Album de dessins à un seul coup de pinceau d'Hokousaï, » un ancien exemplaire de 1822 ; je m'amusais à le comparer à un exemplaire moderne, et à me charmer les yeux avec des bleus qui sont des gris à peine bleutés d'un azur de savonnage, avec des roses à peine rosés, enfin avec une polychromie discrète de colorations, comme bues par le papier.

En dehors de la coloration, la beauté des épreuves ne se reconnaît pas surtout par ces beaux noirs veloutés des estampes européennes, et que n'a pas l'impression japonaise, où le noir est un noir de lithographie usée ; elle se témoigne à la vue, par la netteté du contour, sa pénétration, pour ainsi dire, dans le papier, où le trait a quelque chose de l'intaille d'une pierre gravée.

Samedi 2 février. — Pour l'homme qui aime sa maison, la jolie pensée de Jouffroy, que celle-ci : « Ayez soin qu'il manque toujours à votre maison quelque chose, dont la privation ne vous soit pas trop pénible, et dont le désir vous soit agréable. »

Mon fait est vraiment tout exceptionnel. J'ai 67 ans, je suis tout près d'être septuagénaire. A cet âge, en littérature généralement les injures s'arrêtent, et il en est fini de la critique insultante. Moi, je suis vilipendé, honni, injurié comme un débutant, et j'ai lieu de croire que la critique s'adressant à un homme ayant mon âge et ma situation dans les lettres, est un fait unique dans la littérature de tous les temps et de tous les pays.

Dimanche 3 février. — Francis Poictevin, en quête d'un livre à faire, peu désireux d'aller étudier en

Italie, ainsi que je lui avais conseillé, comme le terrain d'un thème à phrases mystico-picturales, m'interroge sur le sujet qu'il pourrait bien traiter. Je lui conseille alors de rester à Paris, d'étudier ses quartiers, et de faire, sans l'humanité qui l'habite, une description psychique des murs.

Daudet se plaint d'avoir, pour le moment, en littérature deux idées sur toutes choses, et c'est le duel de ces deux idées dans sa tête, qui lui fait le travail difficile, hésitant, perplexe. Il nomme cela « sa diplopie ».

Ce soir, il me lit un acte de sa pièce (LA LUTTE POUR LA VIE). C'est une pièce d'une haute conception, découpée très habilement dans des compartiments de la vie moderne. Il y a une scène se passant dans un cabinet de toilette, qui est un transport au théâtre de la vie intime, comme je n'en vois pas faire par aucun des gens de théâtre de l'heure présente.

Mardi 5 février. — Un rêve biscornu et cauchemaresque. J'étais condamné à mort pour un crime, commis dans une pièce que j'avais faite, un crime dont je n'avais pas la notion exacte dans mon rêve, et c'était Porel qui était le directeur de la prison, le Porel aux yeux durs du directeur de théâtre *emmoutardé*, — et qui m'annonçait que j'allais être guillotiné le lendemain, me laissant seulement le choix de l'être à sept heures au lieu de cinq heures du matin, et je n'étais préoccupé que de n'avoir pas un moment de faiblesse, en montant à l'échafaud, pour que ça ne nuisît pas à ma réputation littéraire.

Visite de Mevisto, qui me demande à jouer Perrin dans la PATRIE EN DANGER. Ce n'est pas du tout l'homme du rôle. Je le vois dans Boussanel, et non dans Perrin, mais ce rôle de Perrin c'est l'ambition de tous les acteurs du Théâtre-Libre.

Ce soir, qui devait être la dernière de GERMINIE LACERTEUX, je vais à l'Odéon.

Je trouve Réjane dans l'enivrement de son rôle. Elle m'emmène dans sa petite loge au fond de la salle, et tout en changeant de robe, elle me remercie chaudement, chaudement, de lui avoir donné ce rôle.

Un moment, j'entre au foyer, où mes petites actrices voient arriver avec ennui le jour, où elles ne vont plus jouer, et ne plus faire leur sabbat de tous les soirs, dans les combles du théâtre.

Mercredi 6 février. — Visite d'un poète décadent, glabre, et chevelu, ressemblant à un curé du Midi, qui aurait été enrôlé comme *homme-affiche* pour la vente de la pommade du Lion.

Après la génération des simples, des gens naturels, qui est bien certainement la nôtre, et qui a succédé à la génération des romantiques, qui étaient un peu des cabotins, des gens de théâtre dans la vie privée, voici que recommence chez les décadents une génération de chercheurs d'effets, de poseurs, d'étonneurs de bourgeois.

Samedi 9 février. — On cause à dîner, chez Daudet, de ce théâtre de Shakespeare, de ce théâtre hautement philosophique; on parle de ces deux pièces de MACBETH et d'HAMLET d'une humanité si *eschylienne*, et dont le théâtre moderne n'a rien gardé, en son terre à terre d'aujourd'hui, et où les individualités sont si peu originales, si bourgeoisement petites. Et l'on s'entretient amoureusement de ce théâtre faisant la joie intellectuelle de Weimar, et de là on est amené à dire qu'il n'y a que les milieux restreints, les petits centres pour goûter la littérature distinguée, et l'on cite les petites républiques de la Grèce, et les petites cours italiennes de la Renaissance : tout le monde constatant que les grandes accumulations de populations, comme Paris, les capitales à l'innombrable public, font de préférence de formidables succès à ROGER LA HONTE ou à la PORTEUSE DE PAIN, à de grosses et basses œuvres.

Lundi 11 février. — Ces grandes affiches jaunes, à moitié pourries de GERMINIE LACERTEUX, que mon œil rencontre encore dans les rues, c'est triste comme les choses qui vous parlent d'une morte.

2.

Samedi 16 février. — Au fond chez Shakespeare, malgré toute l'humanité ramassée par lui en son entour, et plaquée dans ses pièces sur des êtres d'autres siècles, cette humanité me paraît bien chimérique. Puis ses bonshommes sont parfois terriblement ergoteurs, disputailleurs, malades à l'état aigu de cette maladie anglo-saxonne : la controverse, et la controverse scolastique.

Enfin, il y a une chose qui m'embête chez le plus grand homme de lettres incontestablement du passé : c'est le défaut d'imagination. Oui, oui, c'est indéniable, les auteurs dramatiques de tous les pays depuis les plus renommés dans les anciens jusqu'à Sardou, manquent d'imagination et créent d'après les autres. C'est chez nous l'incomparable Molière, et Dieu sait que presque tout son théâtre, ses scènes célèbres, ses mots que tout le monde a dans la mémoire, c'est presque toujours un vol, vol dont les critiques lui font un mérite, mais moi, non.

Eh bien, Shakespeare qui est un autre monsieur, lui aussi, hélas! c'est de vieux bouquins qu'il les tire ses personnages, et malgré toute la sauce de génie qu'il y met, je le répète, ça m'embête, et je trouve qu'on est plus grand homme, quand on tire ses créations de sa propre cervelle. C'est pour cela que Balzac m'apparaît le grand des grands.

En résumé, je ne trouve dans les quatre ou cinq pièces supérieures de Shakespeare, tout à fait hors ligne, que la scène de somnambulisme de lady Macbeth, s'essayant à effacer la tache de sang de sa main, et avant tout la scène du cimetière d'Hamlet, où il atteint le sommet du sublime.

Lundi 18 février. — Ah! l'estomac! Ah! les entrailles! Ah! les yeux! Ah! la pauvre enveloppe intérieure, la misérable muqueuse!

Au coin du passage de l'Opéra, je me cogne à Scholl qui me dit : « Eh bien, vous avez triomphé, vous avez trompé mes prévisions. » Et il ajoute sur un ton moitié raillard, moitié ébranlé : « Oh! moi, je suis un journaliste *vieux jeu*, appartenant aux théories antiques... mais des amis à moi, des gens ne tenant pas à la littérature, m'ont déclaré que votre pièce les avait autant intéressés qu'un drame de Dennery. Alors... »

Mardi 19 février. — Ce matin, quand Blanche me les rapporte de chez Bouillon, je les regarde un long temps, les six grandes eaux-fortes de Huet : le *Héron*, l'*Inondation*, la *Maison du Garde*, les *Deux Chaumières*, le *Braconnier*, un *Pont en Auvergne* : ces eaux-fortes qui sont pour moi le spécimen typique supérieur de l'eau-forte romantique.

J'étudie l'effort laborieusement petit vers les colorations rembranesques, les égratignures à fleur de cuivre, les promenades d'épingles, dont l'imperceptible *entame* sillonne la planche de tailles faisant l'illusion de cheveux tombés dessus — et la timide, la timide morsure. J'étudie ces eaux-fortes, non sans charme, quoique bien enfantines, et qui ont l'air de griffonnages à la plume de corbeau, jetés par des miss élégiaques sur une pierre lithographique — et où il n'y a rien de la virile incision de la pointe d'un Seymour Haden.

A propos de la vente d'eaux-fortes, d'où viennent ces Huet avant la lettre, il y a vraiment de bons toqués d'eaux-fortes avant la lettre, que dis-je avant la lettre, mais avant la plupart des travaux, avant même le sujet principal indiqué, et je suis sûr, à la convoitise de certains regards par moi perçus, qu'une épreuve de la planche de Daubigny: *Les cerfs au bord de l'eau,* avant les cerfs, se sera vendue fort cher.

Oui, si à certains amateurs, on apportait une feuille de papier, où il y aurait derrière, le certificat d'un Delatre, attestant que c'est la première feuille pour le tirage de telle planche, qui a été préparée, mouillée, mise entre les couvertures, puis par une circonstance remplacée par une autre, cette feuille ne contenant rien, serait l'*épreuve avant tout*, l'épreuve désirable.

Mercredi 20 février. — Visite d'Antoine et de Mevisto, qui m'annoncent que les répétitions de la

Patrie en danger sont commencées. Mevisto me demande, de la manière la plus pressante, de créer le rôle du général Perrin, qu'il veut montrer sous l'aspect d'un *général plébéien*. Ça me fait un peu peur, un général plébéien ! mais il a l'air d'y tenir tant, que je cède à son désir.

Jeudi 21 février. — Grand dîner chez les Daudet. Lockroy arrive au milieu du dîner, en s'excusant sur ce qu'il a attendu son successeur, au ministère, pour lui remettre son *tablier*, et qu'il s'est présenté un premier successeur qui a été suivi d'un autre, qui n'était pas encore le vrai successeur, et qu'enfin il s'est décidé à ne pas attendre un troisième.

On cause du discours de Renan à l'Académie, et comme je me laisse aller à avouer toute la révolte de la franchise de mon esprit et de mon caractère, à propos du tortillage contradictoire de sa pensée, du *oui* et du *non*, que contient chacune de ses phrases parlée ou écrite, Mme Daudet, en une de ses charmantes ingénuités qu'elle a parfois, laisse tomber, comme si elle se parlait à elle-même : « Oui vraiment, il n'a pas le sentiment de l'affirmation ! »

Dimanche 24 février. — Journée anxieusement préoccupée. J'ai reçu ce matin une lettre de Mme Daudet me disant, que Daudet a eu cette nuit des crachements de sang qui l'ont bien effrayée.

Aujourd'hui, au *Grenier*, Rosny déclare qu'il n'estime que les livres qui contiennent des idées, oui des idées, et que la fabrication d'un livre lui est bien égale, maintenant qu'à l'heure présente, les derniers des derniers savent très bien faire *remuer des gens communs*.

Lundi 25 février. — Je trouve Daudet dans son lit, avec des yeux tristes, tristes, et les mains dépassant les draps, serrées l'une dans l'autre, en ce mouvement de constriction que fait l'inquiétude morale.

Jeudi 28 février. — Je lis ce soir dans le *Temps*, cette phrase adressée aux ouvriers par le président Carnot, dans sa visite à la manufacture de tabacs :

« Je vous remercie profondément de l'accueil que vous venez de faire à ma personne, mes chers amis, car vous êtes des amis, puisque vous êtes des ouvriers.

Je demande, s'il existe en aucun temps de ce monde, une phrase de courtisan de roi ou d'empereur, qui ait l'humilité de cette phrase de courtisan du peuple.

Dimanche 3 mars. — Raffaëlli, de retour de Belgique, où il vient de faire des conférences là-bas, et auquel quelqu'un demande ce qu'il est allé faire làbas, répond moitié blaguant, moitié sérieusement : « J'ai fait le commis voyageur de l'idéal! »

Berendsen m'apporte aujourd'hui, traduit en danois, le volume d'IDÉES ET SENSATIONS. C'est surprenant qu'il ait été fait à l'étranger une traduction de ce livre de style et de dissection psychologique, de ce livre si peu intéressant pour le gros public français.

Dans son lit, avec sa figure à l'ovale maigre et allongé, ses mains exsangues au-dessus des draps, d'une voix du fond de la gorge, Daudet dit : « Je divise les livres en deux : les livres naturels, les livres d'une inspiration spontanée, et les livres voulus. » Et il se livre à une classification curieuse, dans ces deux divisions, des livres célèbres du moment.

Mercredi 6 mars. — La Seine, à cinq heures, du côté du Point-du-Jour. Le soleil, une lueur diffuse de rubis, dans un ciel laiteux, couleur de nacre, où monte l'architecture arachnéenne de la tour Eiffel. Un paysage à la couleur d'un buvard écossais.

Maupassant, de retour de son excursion en Afrique, et qui dîne chez la princesse, déclare qu'il est en parfait état de santé. En effet, il est animé, vivant, loquace, et sous l'amaigrissement de la figure et le reflet basané du voyage, moins commun d'aspect qu'à l'ordinaire.

De ses yeux, de sa vue, il ne se plaint point, et dit qu'il n'aime que les pays de soleil, qu'il n'a jamais assez chaud, qu'il s'est trouvé à un autre voyage, dans le Sahara, au mois d'août, et où il faisait 53 degrés à l'ombre, et qu'il ne souffrait pas de cette chaleur.

Le docteur Blanche contait, ce soir, que la maison qu'il occupait à Passy, et qui est l'ancienne maison de la princesse de Lamballe, avait été mise en vente, vers 1850, à la suite de mauvaises affaires, par un banquier qui en avait refusé 400 000 francs aux Delessert. Or, un avoué qui avait une bicoque au Point-du-Jour, et qui tous les jours, pour se rendre au Palais, longeait le mur de la propriété, le jour de l'adjudication, où il voit que la mise à prix est de 130 000 francs, disait, comme en plaisantant, de mettre 50 francs de surenchère en son nom et de là allait à ses affaires, et au moment de s'en aller, passait savoir à qui elle était adjugée. C'était à lui! Avec les frais, il avait pour 150 000 francs une propriété, dont les possesseurs actuels demandent trois millions.

Samedi 9 mars. — Vraiment les tribulations, les maladies, les chagrins, s'abattent sur cette maison Daudet.

Le père de Mme Daudet est mort ce matin. J'attends la chère femme chez elle jusqu'à sept heures, pour lui serrer la main. Là vraie douleur, sans aucune dramatisation, avec des pleurs qu'elle comprime. « Hier, dit-elle, en phrases scandées par de petits sanglots, je me suis échappée d'ici un moment... j'ai été poussée par un pressentiment... J'ai trouvé ma mère qui pleurait et qui m'a dit que mon père était en train de lui dire des choses désolantes... Il se plaignait d'être faible, faible à toute extrémité... J'ai compris qu'il était bien mal, parce qu'il ne demandait des nouvelles de personne... Cependant il a mangé un peu le soir, et mon frère est passé me rassurer... Dans la nuit il a voulu dire des choses qu'il n'avait plus la force de dire... Enfin, ce matin, on m'a prévenue à huit heures... Il ne m'a pas reconnue... Il est mort à neuf heures. »

Lundi 11 mars. — Enterrement du père de Mme Daudet. Ah! le bel adieu au mort qu'a inventé la religion catholique, et la merveilleuse combinaison de musiques douloureuses, de paroles graves, de lentes promenades de vieillards, d'évocations de paix éternelle, et de tentures noires, et de lumières brûlant dans le jour, et de parfums d'encens et de senteurs de fleurs. Ah! l'artistique mise en scène de la désolation et du deuil des vivants.

Dans cette marche au pas, derrière le corbillard, du boulevard Montparnasse au Père-Lachaise, cette marche qui a duré une heure un quart, tout seul dans mon fiacre, il remonte en moi bien des souvenirs tristes, bien des souvenirs de mort.

Oh, ce temple à Thiers, sur le modèle du logis de l'éléphant au Jardin des Plantes, pour cet homme si petit de toute façon, est-ce assez ridiculement énorme !

A trois heures, me voici à la répétition du Théâtre-Libre, aux Menus-Plaisirs. C'est aujourd'hui moins désespérant que l'autre jour, et les remuements de foule qu'on commence à tenter, promettent, il me semble, de grands effets. Le récit de la prise de la Bastille par Mevisto blessé, soutenu par deux hommes, forme un groupe d'un beau dessin. Antoine esquisse le rôle de Boussanel, de manière à faire croire à une création originale. Je reprends confiance.

Sur les six heures, Derembourg qui avait envoyé mon manuscrit à la censure, pour faire jouer aux Menus-Plaisirs la PATRIE EN DANGER avec la troupe d'Antoine, si elle a un succès, Derembourg m'apprend, à ma grande surprise, qu'en dépit de ma préface de GERMINIE LACERTEUX, la censure a donné le visa à ma pièce, sans demander la suppression d'une phrase.

Et il est décidé — ça me paraît bien prématuré — que la pièce passera, le mardi 19 mars.

Mardi 12 mars. — La tour Eiffel me fait penser

que les monuments en fer ne sont pas des monuments *humains*, ou des monuments de la vieille humanité, qui n'a connu pour la construction de ses logis que le bois et la pierre. Puis dans les monuments en fer, les surfaces plates sont épouvantablement affreuses. Qu'on regarde la première plate-forme de la tour Eiffel, avec cette rangée de doubles guérites, on ne peut rêver quelque chose de plus laid pour l'œil d'un vieux civilisé, et le monument en fer n'est supportable que dans les parties ajourées, où il joue le treillis d'un cordage.

Je revois, ce soir, Mme Daudet. Oui c'est l'image de la vraie et sincère douleur. Elle a les yeux tout gonflés des pleurs de la nuit, et est assise en une pose affaissée, ses mains molles réunies dans un mouvement de prière, inattentive à ce que vous dites, ou bien accueillant, d'un pâle sourire de politesse, les paroles qui s'adressent directement à elle.

Jeudi 14 mars. — Vraiment un amusant et drolatique metteur en scène, qu'Antoine avec son sifflet de contremaître, et ses *nom de Dieu*, jaillissant de son enrouement, comme des déchirements de bronches. Il a le sentiment de la vie des foules, et trouve un tas de petites inventions ingénieuses, pour faire revivre cette vie tumultueuse sur le champ étroit des planches d'un théâtre.

Aujourd'hui, après des clameurs cherchées dans

trois endroits différents du théâtre, et plus reculés l'un que l'autre, et donnant comme le prolongement lointain de cris de peuple, à la cantonade d'un épisode révolutionnaire, il a brisé le groupement de la scène par des conversations d'aparté chuchotantes, puis tout à coup sur un banc jeté à terre, simulant le coup de pistolet avec lequel se tue le commandant de Verdun, il a fait, dans un mouvement général, toute la tourbe retourner la tête vers la porte du commandant. Et c'était d'un grand effet, avec l'éclairage d'un quinquet à droite, laissant tout le bas des corps des figurants dans l'ombre, et leur sabrant la figure d'un coup de lumière de la tonalité blafarde, qui se trouve dans les têtes du fond des lithographies des courses de taureaux de Goya.

Il y avait aujourd'hui 80 figurants. Antoine en veut 200 à la première. Quelles physionomies, dans ce ramassis de vendeurs de cartes obscènes, de souteneurs, d'industriels de commerces suspects, à la tête à la fois canaille et intelligente. « En voilà un avec un pantalon à l'éléphant, dit Mevisto, que je ne voudrais pas rencontrer la nuit ! » Quant à Antoine, il les savourait de l'œil complaisamment, finissant par dire : « Ah ! vraiment, il faut que je demande s'il n'y a pas, parmi eux, quelques-uns qui voudraient débuter... il me semble qu'on tirerait plus d'eux, que de ceux qui ont appris à jouer. » Puis il se retourne vers un groupe d'actrices et leur dit : « Mesdames, vous savez, votre argent et tous vos bijoux dans vos poches ; vous voyez, vous avez ici cent escarpes, et votre habilleuse me semble sortie du bagne. Je ne réponds de rien. »

Vendredi 15 mars. — Dire qu'on en est réduit aujourd'hui, avec cet imbécile de public de première, à substituer dans l'acte de Verdun, le mot passeport au mot *passe*, qui est le vrai mot militaire, et je ne suis pas bien sûr, diable m'emporte, qu'au premier acte, l'envoi à Sa Majesté des *faucons* par le procureur de l'ordre de Malte ne sera pas égayé par un intelligent gandin.

Dimanche 17 mars. — Répétition aux Menus-Plaisirs, tout l'après-midi jusqu'à des heures indues. Mevisto et Barny enroués, presque complètement aphones, Mlle de Neuilly jouissant d'une entorse, Antoine, qui a décidément pris le rôle de Boussanel, ne l'ayant pas encore une fois répété, ce rôle d'un bout à l'autre, et me laissant dans l'incertitude comment il sera joué. Par là-dessus, ledit Antoine est de très mauvaise humeur, et maltraite de paroles tout le monde, et même un peu moi-même, à propos d'une marche de Barny, appuyée sur une béquille, marche qui la force à scander par des temps ce qu'elle dit. Et tout le monde, nerveux, tourné à la dispute, à la bataille, l'homme de l'électricité voulant se battre avec un figurant, et le comte de Valjuzon exaspéré de se trouver mal habillé, et menaçant de quitter le rôle. Et ceux qui ne sont pas prêts à se prendre aux cheveux, jouant comme endormis, comme sous l'influence d'une boisson opiacée. Au milieu de ce désarroi, la petite Varly venant me souffler de ses jolies lèvres dans l'oreille : « Ah ! que je vous plains, Monsieur, d'être interprété comme ça ! »

Puis cette foule de voyous, magnifiquement effrayants sous leurs blouses, dans le moderne de leurs vêtements, en leurs travestissements de pêcheurs de Masaniello, ayant perdu tout caractère, ayant l'air d'une mascarade historique de chienlits de la Révolution. Ah ! si la Providence ne s'en mêle pas, ce sera grotesque la première.

Lundi 18 mars. — Profond découragement avec un fonds de *jemenfoutisme*, et une attente un peu ironique de ce qui va arriver.

Oui, j'en ai plein le dos du théâtre, et de la fièvre des répétitions et des représentations, et j'aspire à mercredi, où je serai tout entier, au retournement de mon jardin, et à la fabrication de cet amusant livre de pêche à la ligne, dans les brochurettes de la bibliothèque de l'Opéra, qui s'appellera : LA GUIMARD.

Je trouve à cinq heures Daudet plongé dans le MÉMORIAL DE SAINTE-HÉLÈNE, et il m'en raconte le commencement, comme dans une hallucination blagueuse. C'est l'Empereur en contact avec une famille de gens gras à lard, d'une famille Durham, et qui n'a jamais entendu parler de lui, et ne s'intéresse qu'au héros et à l'héroïne d'un roman de Mme Cottin, arrivé par hasard dans cette île perdue, et à propos duquel, jeunes et vieux assassinent de questions l'Empereur, qui exaspéré, à une question du gros oncle demandant ce qu'est devenue l'héroïne, lui jette durement : « Elle est morte! » et alors voit couler, à cette nouvelle, sur le *facies* de cet Anglais, ressemblant à un derrière, voit couler de grosses larmes.

Cela est conté avec les suspensions d'une respiration difficile, des yeux par moment un peu fixes, au milieu du grossissement d'une ironie gasconne.

Une surprise, ce soir, à la répétition générale. La pièce marche. Antoine est très bien dans Boussanel, et tout à fait supérieur dans l'acte de Fontaine près Lyon. Ah! certes, ce n'est pas la composition de la Comédie-Française, et ce n'est pas, comme nous l'avions espéré dans le temps jadis, Bressant jouant le comte de Valjuzon, Delaunay jouant Perrin... mais telle que la pièce est jouée, elle a l'air de mordre les nerfs du public.

Mardi 19 mars. — La toile se lève. Je suis dans une logette sur le théâtre, où une chaise a peine à tenir entre les murs de planches blanchies par une peinture à la colle, et j'ai devant les yeux un emmêlement de tuyaux de caoutchouc, au travers desquels j'aperçois l'avant-scène de gauche, et au-dessous cinq ou six têtes de la première banquette de l'orchestre. Je suis là dedans avec le sentiment d'un cœur non douloureux, mais plus gros qu'ailleurs.

Les mots spirituels du premier acte tombent dans un silence de glace, et Antoine me jette : « Nous avons une salle *sur la réserve*, toute disposée à empoigner n'importe quoi, une phrase quelconque, une perruque d'actrice, une culotte d'acteur ! »

Cette froideur s'accentue au second acte, dans la scène pathétique des deux femmes, pendant l'attaque des Tuileries, et finit sur un maigre claquement de mains.

Des amis viennent me voir et s'exclament : « Oh cette salle, on ne peut s'en faire une idée ! » Et je sens les acteurs nerveux, et j'ai peur qu'Antoine ne joue pas si bien qu'hier. Hennique très indigné s'en retourne, en criant dans les corridors : « Voilà ce que c'est que d'écrire en français ! »

La pièce se relève, est très applaudie au troisième acte.

Au fond, chez moi, une inquiétude de ce relèvement de la pièce, et une crainte de réaction au quatrième acte, de la part de cette salle, qui veut la chute de la pièce, et va sans doute chercher à l'égayer, ne pouvant la siffler. Ça ne manque pas. On rit à des phrases comme celle-ci : « Vous n'êtes pas Suisse », ou à des phrases comme celle-là : « Il parlait... il parlait comme jamais je n'ai entendu parler un homme ! » Ah ! le bel article à faire sur la lourde bêtise et l'ignorance des jeunes blagueurs de première. Et chez ces gens pas deux sous d'intelligence : ce qu'il y avait à blaguer dans cet acte, à blaguer avec intelligence, c'était la résurrection de Perrin, et ils ne l'ont pas fait...

Enfin arrive le cinquième acte, qu'on joue au milieu de l'égayement, amené par la figure de Pierrot, que s'est faite un détenu. Mais le dramatique de l'acte prend à la fin des gens. Et le baisser du rideau, après l'annonce du nom des deux auteurs, a lieu dans les applaudissements.

Zola, un moment, vient chaleureusement me féliciter d'avoir la salle que j'ai, me congratuler de n'être pas reconnu, d'être contesté, d'être échigné ; cela prouve que je suis jeune, que je suis encore un lutteur, que... que... que...

— Ah ! que vous êtes détesté, haï, — c'est Rosny qui succède à Zola, — cela dépasse l'imagination, il fallait entendre ce qu'il y avait de fureur contre vous dans les corridors, et ce n'est point encore tant le lettré que l'homme, qui est abominé !

— Oui, oui, je le sais, mon éloignement du bas monde des lettres, mes attaques contre la société juive, aujourd'hui régnante, mon dédain, mes mépris pour le ramassis interlope d'hommes et de femmes dont se compose une première, l'honorabilité même de ma vie... Tout cela fait qu'on me déteste, vous ne m'apprenez rien !

Et quelques instants après me promenant, à la sortie du théâtre avec Paul Alexis, il me dit :

— C'est extraordinaire... J'avais derrière moi, dans une baignoire une femme, une femme bien, une habituée du Théâtre-Libre, qui vient accompagnée, je crois, d'un vieux mari. Eh bien, elle s'est écriée avec un soupir douloureux : « Ah ! que je plains les acteurs de jouer une telle pièce ! » Et, Dieu sait, ajoute Alexis, ce que sont vos acteurs, sauf Antoine.

— C'est clair, si la pièce avait été écrite par Dennery, cette femme se serait écriée : « Ah ! qu'ils sont donc heureux les acteurs qui jouent dans un pareil chef-d'œuvre. »

Je rentre, et trouve mes deux femmes sous l'émotion du récit qui vient de leur être fait d'un assassinat, commis la veille dans la villa.

Là-dessus la petite va se coucher, promenant sa lumière par la maison, et je mange un gâteau, en buvant un verre d'eau rougie, quand Pélagie me dit :

— Entendez-vous des pas, comme glissés sous la fenêtre ?

— C'est vrai... Donnez-moi la canne à épée qui est là, et ouvrez tout doucement la porte.

Pélagie entre-bâille la porte, et aperçoit trois horribles chenapans... dont l'un lui crie aussitôt : « N'ayez pas peur, Madame ! » C'étaient trois agents de la sûreté, déguisés en grinches, qui intrigués par ces promenades de lumière dans la maison, à cette heure indue, avaient cru à une intrusion de voleurs chez moi.

Mercredi 20 mars. — Une presse moins exécrable que je ne l'attendais ; toutefois une allusion perfide de Vitu, dans le *Figaro*, au sujet de la retraite de la princesse, qui souffrante, a quitté le théâtre avant la fin.

Ce soir, Dieulafoy contait, que dans une salle de l'hospice Necker, les malades se plaignaient de vols journaliers, qu'une surveillance avait été exercée sur les infirmiers et les filles de service, et qu'on n'avait pas découvert le voleur. A ce moment était placé dans la salle, un sergent de ville, malade d'une fluxion de poitrine, mourant, presque agonisant. A quelques jours de là, un matin, à la visite, il disait à Dieulafoy : « Moi, je connais le voleur ! » L'homme de la police avait fait son métier en pleines affres de la mort. Et le voleur était un aveugle, traité dans cette salle pour albuminurie.

Jeudi 21 mars. — Une vraie terreur dans Auteuil à propos du garçon jardinier assassiné. Des gens qui déménagent, des maisons où l'on prend des gardiens pour la nuit. Pas si exagérée, la lettre que j'avais écrite, il y a quelques mois, au *Figaro*, et où je demandais qu'en ce pays, — le pays qui paye le plus d'impôts de toute la terre, — l'existence et le foyer du citoyen, fussent un peu mieux défendus des assassins et des voleurs.

Un article incroyable est celui paru dans le *Petit*

Journal, et qui demande la suppression de la commission de censure, sur ce qu'elle a laissé passer une pièce, qui est la glorification de la capitulation de Verdun. Vous l'entendez, la glorification de la capitulation de Verdun ! Je fais un appel à toute personne de bonne foi, lui demandant si ce n'est pas absolument le contraire. Et savez-vous d'où vient cette accusation, elle vient de ce que, hier, des gens de la Ligue des patriotes ont applaudi cette phrase de la chanoinesse, dans l'acte du siège de Verdun : *Plus de cette Assemblée de Paris, et le balai à ce ramas de robins, d'avocats, de marchands de paroles. Oui, oui, à bas l'Assemblée ! à bas l'Assemblée !*

Vendredi 22 mars. — Un affreux détail sur le pauvre garçon jardinier assassiné, c'est un double sillon, creusé par les larmes, le long des deux ailes du nez. Le pauvre diable aurait été tué dans toute la peur d'un faux sommeil, mal joué.

Samedi 23 mars. — C'est dur d'aller ce soir au théâtre, où on m'interrompt brutalement demain ; mais je veux remercier Antoine, je veux remercier ces pauvres diables d'acteurs, pour qu'ils ne puissent pas croire, un moment, que je leur attribue mon insuccès.

Je tombe dans la fin du second acte, et trouve le jeune Montégut, à l'effet d'imiter la fusillade, tirant des coups de revolver dans le corridor derrière le théâtre, tandis qu'un gros homme à tête de manant du moyen âge, tire, lui, des coups de canon d'une grosse caisse, et que dans le foyer des acteurs, deux figurants tapent sur deux cloches, pour simuler le tocsin. Un moment Montégut a tiré tant de coups de revolver qu'on ne peut plus respirer. C'est vraiment être en pleine cuisine de la chose.

Antoine ne me paraît pas trop moralement déconfit de notre *four*. Il me dit que s'il avait été le maître, il aurait tenu plus longtemps, et ajoute aimablement que la pièce n'avait pas été peut-être jouée, comme elle aurait dû l'être. A cela je lui réponds que la pièce aurait été miraculeusement jouée, que ça aurait été la même chose, qu'il y a eu une combinaison, un amalgame de l'hostilité contre lui, de l'hostilité contre moi, qu'il n'y avait rien à faire, que la pièce est peut-être *relevable* ailleurs, ne l'est pas aux Menus-Plaisirs.

Le bruit court que Claretie est dans la salle, et sur cette annonce, tout le monde de déployer ses talents pour se faire engager aux Français; Antoine, lui-même, moitié pour Claretie, moitié pour moi, est superbe dans le quatrième acte.

Dimanche 24 mars. — Je ne sais dans quel journal, je lisais que ma vie se passait au milieu d'une société d'admiration. Elle est restreinte cette société, car personne en littérature n'a été attaqué, insulté, injurié comme moi, — et si peu soutenu par ma société. Et cette société d'admiration, je la cherchais à la première de GERMINIE LACERTEUX, où la salle ne voulait pas laisser prononcer mon nom, à la première de la PATRIE EN DANGER, cette reconstitution d'une époque historique, je puis l'affirmer, comme il n'y en a aucune dans une pièce française, et que la salle, par ses mépris, ses *égayements*, l'affectation de son ennui, déclarait inférieure à tout. Et dans ma pensée, je rapprochais ces deux premières, de l'avis de tout le monde exceptionnelles et particulières aux Goncourt, de la première d'HENRIETTE MARÉCHAL, où on aurait voulu nous déchirer mon frère et moi.

Les gens de mon *Grenier*, dans mon désastre, se sont montrés gentils, affectueux. Ils ont eu l'idée de me donner un dîner, de m'entourer un peu de la chaleur de leur affection, et ça m'a été une jouissance de cœur, de savoir que c'était Geffroy qui avait eu cette idée.

Lundi 25 mars. — Tristesse, en pensant que ma carrière littéraire est finie — et que ma dernière cartouche a raté — et cependant la PATRIE EN DANGER est une œuvre, qui méritait mieux qu'une chute au Théâtre-Libre.

Mardi 26 mars. — Ce soir, Daudet se plaignait, que la critique de Rosny, dans la *Revue Indépendante,* nous enfermât dans une prison, où de temps en temps, il était permis de nous passer quelque chose par les barreaux.

Il se moquait de ces formules, nous parquant dans un compartiment, avec sur la porte un écriteau du Jardin des Plantes, spécifiant notre espèce, quand il y a des naturalistes, comme Flaubert, qui font la TENTATION DE SAINT ANTOINE, et des naturalistes du nom de Goncourt qui font MADAME GERVAISAIS, — roman qui, s'il n'avait pas sur la couverture le nom des auteurs, pourrait passer pour le plus spiritualiste des romans modernes.

Et je disais à Daudet : Oui, peut-être le mouvement littéraire, baptisé naturalisme est à sa fin, il a à peu près ses cinquante ans d'existence, et c'est la durée d'un mouvement littéraire en ces temps, et il fera sans nul doute place à un mouvement autre ; mais il faut pour cela, des hommes à idées, des trouveurs de nouvelles formules, et je déclare que dans ce moment-ci, je connais d'habiles ouvriers en style, des vrais maîtres en procédés de toutes les écritures, mais pas du tout d'ouvriers-inventeurs pour le mouvement devant arriver.

Jeudi 28 mars. — Daudet nous confesse qu'en 1875, en présence de ses pauvres gains littéraires, il a été au moment d'entrer, par la protection de son frère, dans un bureau ou une bibliothèque, et d'échanger contre un traitement de 3 000, les 120 000 qu'il gagne maintenant.

Puis, je ne sais par quel chemin, sa parole va à ses livres, et il déclare qu'il n'y a qu'une chose qui blesse son amour-propre, c'est que dans son Tartarin, on n'a vu qu'une fantaisie comique, et qu'on n'a pas reconnu que c'était une sérieuse personnification du Midi, une figure de don Quichotte plus épais.

— Oui, lui dis-je, un don Quichotte mâtiné de Sancho Pança.

— C'est ça... Hein, est-ce bien un Tartarin que ce Numa Gilly... qui voulait tout tuer, tout avaler, et qui devant les duels, les procès, que sa brochure lui amène, se met à pleurer.

Lundi 1ᵉʳ avril. — C'est incontestable, et il faut bien que je me l'avoue, à la reprise d'HENRIETTE MARÉCHAL, j'avais toute la jeunesse avec moi, je l'ai bien encore, mais pas tout entière.

Les *décadents*, quoiqu'ils descendent un peu de mon style, se sont tournés contre moi. Puis, il y a dans la présente jeunesse, ce côté curieux qui la différencie des jeunesses des autres époques; elle ne veut pas reconnaître de pères, de générateurs, et se considère, dès l'âge de vingt ans, et dans le balbutiement du talent, comme les *trouveurs* de tout. C'est une jeunesse à l'image de la République, elle raye le passé.

Mardi 2 avril. — Causerie avec Daudet sur la femme française, que Molière dit dans une préface plus *intellectuelle* que *sensuelle*. Et là-dessus Daudet s'élève contre la fausseté des femmes, représentées par le roman français contemporain, comme des possédées d'éréthisme, s'élève contre la fausseté des femmes françaises décrites par le romantisme, ces femmes rugissantes, ces femmes affolées par des passions tropicales, — et nous disons qu'il y aurait un intelligent et spirituel article à faire, pour remettre la femme française de la littérature, au point réel.

Jeudi 4 avril. — J'ai toujours un plaisir, où il y a un peu d'émotion, à la réception des premières épreuves d'un livre. C'est bien celle que j'éprouve, en tirant de ma boîte à lettres, les placards de la CLAIRON, imprimés par l'*Écho de Paris*.

Après dîner chez Daudet, on cause *surnaturel*. Mme Daudet et son grand fils Léon ont des tendances à y croire; Daudet et moi sommes tout à fait des incroyants. Une grosse discussion, dans laquelle je jette : « Non, je ne crois pas au surnaturalisme entre les vivants et les morts, hélas ! mais je crois au surnaturalisme entre les vivants... L'amour par exemple, qui fait, à première vue de deux êtres qui ne se connaissent pas, des amoureux ; ce coup de foudre, qui en une seconde, affole deux êtres l'un de l'autre... voilà du surnaturel bien certain, bien positif. »

Samedi 6 avril. — Je retrouve cette note donnée par Hayashi : « Shitei Samba, romancier et critique japonais (1800) ayant une certaine parenté avec la forme du JOURNAL DES GONCOURT.

Lundi 8 avril. — Je voudrais faire un livre — pas un roman — où je pourrais cracher de haut sur mon siècle, un livre ayant pour titre : LES MENSONGES DE MON TEMPS.

Mardi 9 avril. — Tout le bénéfice, qu'a tiré jusqu'à présent la France de la présidence de la République : ç'a été l'encouragement des assassins, par les grâces miséricordieuses que leur a accordées le président Grévy.

Mercredi 10 avril. — Les anémones, avec leurs pétales lâches mous, affaissés, et avec leurs douces couleurs aux tons passés, mauve, lilas, rose turc, me semblent de vraies fleurs d'odalisques. Elles m'apparaissent aussi ces fleurs, en le coloris de leurs nuances délavées autour de l'aigrette noire de leur calice, comme ayant la tendresse surnaturelle de couleurs, entrevues dans un rêve.

Vendredi 12 avril. — Ce soir, je brûle les cheveux blancs de ma mère, des cheveux blonds de ma petite sœur Lili, des cheveux d'un blond d'ange... Oui, il faut songer à la profanation qui attend les reliques de cœur, laissées derrière eux par les célibataires.

Mardi 16 avril. — Des pagodes, des minarets, des moucharabys, tout un faux Orient en carton. Pas un monument rappelant notre architecture française. On sent que cette exposition va être l'exposition du *rastaquouérisme*. Du reste à Paris, dans le Paris d'aujourd'hui, oui, le Parisien, la Parisienne, ça commence à devenir un être rare, dans cette société sémitique, ou auvergnate, ou marseillaise, par suite de la conquête de Paris, par la juiverie et le Midi. Au fond Paris n'est plus Paris, c'est une sorte de ville libre, où tous les voleurs de la terre qui ont fait leur fortune dans les affaires, viennent mal manger, et coucher contre de la chair qui se dit parisienne.

Ce soir, dîner offert chez Marguery, par les amis du *Grenier* et autres lieux, à l'auteur de GERMINIE LACERTEUX et de la PATRIE EN DANGER. Ce dîner est le prétexte à l'ouverture, chez le restaurateur, d'une salle recouverte d'une tenture, comme enduite d'un strass aveuglant, et aux sculptures moyenageuses, dans le genre du moyen âge, que les Fragonard fils, sous la Restauration, mettaient à l'illustration des Clotilde de Surville : une terrible décoration qui aurait coûté cent mille francs, et qui, toute la soirée, sert de thème aux horripilations artistiques de Huysmans.

A ce dîner on est trente-cinq, trente-cinq goncourtistes me montrant une franche sympathie.

J'ai à ma gauche Rops, le causeur coloré, à la phrase fouettée, et qui m'entretient tout à la fois du dramatique de la campagne de 1870, et de sa folie amoureuse pour les rosiers de son jardin de Corbeil. En un croquis parlé de peintre, il me silhouette un de Moltke, faisant la campagne de France en pantoufles. Puis il m'introduit, au crépuscule, dans une chaumière, où au moment de prendre une pomme de terre dans un pot de fonte sur le feu, il est soudain arrêté par la vue d'une femme couchée à terre sur la figure, et les cheveux répandus ainsi qu'une queue de cheval dans une mare de sang, et comme il sort dans la cour, il se trouve en face d'un homme appuyé debout sur une herse, en train de mourir, avec un restant de vie dans les yeux, épouvantant. Un spectacle qui l'a rempli d'une terreur nerveuse comme il n'en a jamais éprouvé, et au milieu de laquelle, il s'est trouvé dans l'obligation d'appeler un camarade, pour prendre la femme et la transporter dans la voiture d'ambulance.

Au milieu de ce récit, soudain Rosny qui est à ma droite, se lève, et me porte un toast d'une amicalité très charmante, où il malmène, presque avec des gros mots, les éreinteurs de mes deux pièces, et cela est dit par l'auteur du BILATÉRAL, d'une voix tendrement émotionnée.

Au fond un repas vraiment affectueux dans lequel Antoine m'apprend que la municipalité de Reims lui demande de venir jouer la PATRIE EN DANGER, le 14 juillet, et qu'il veut ouvrir la saison prochaine avec les FRÈRES ZEMGANNO.

Là-dessus une *tournée* au café Riche, et l'on se quitte avec des tendresses, à une heure du matin.

Jeudi 18 avril. — Pillaut, le musicien, racontait que pour l'exposition du Conservatoire qu'il faisait, il avait été dans un village de l'Oise, dont j'ai oublié le nom, et où l'on faisait des instruments de musique en bois, depuis près de trois cents ans : un village où il n'y a pas de ferme, où les paysans ne sèment, ni ne labourent, ni ne fauchent, et où tous, le cul sur une selle, travaillent à des clarinettes, qui se composent d'une trentaine de pièces. Ne vous apparaît-elle pas comme une localité digne d'être décrite par Hoffmann, cette localité fantastique ?

Vendredi 19 avril. — Je voulais travailler aujourd'hui, mais les roulades des oiseaux, la nage folle des poissons sortant de leur léthargie de l'hiver, le bruissement des insectes, l'étoilement du gazon par les blanches marguerites, le vernissage des jacinthes, et des anémones par le soleil, le bleu tendre du ciel, la joie de l'air d'un premier jour de printemps... m'ont fait paresseux et habitant de mon jardin, toute la journée.

Dimanche 21 avril. — Je crois décidément que la vie intellectuelle, que le ferraillement journalier de votre intelligence à l'encontre d'autres intelligences, je crois que cela combat et retarde la vieillesse. Je fais cette remarque, en me comparant aux bourgeois de mon âge que je connais. Bien certainement, ils sont plus vieux que moi.

Lundi 22 avril. — J'en suis là maintenant : c'est qu'un livre, comme le second volume de la Correspondance de Flaubert m'amuse plus à lire, qu'un roman, qu'un livre d'imagination.

Mardi 23 avril. — Ah ! c'est un plaisir de trouver

dans ce volume de Flaubert, ces colères, ces indignations qui se disent, qui se crient, qui se *gueulent*, selon son expression, dans la conversation, mais qui n'arrivent presque jamais au public par l'impression.

Dimanche 28 avril. — Aujourd'hui, Daudet nous amuse des romans hyperboliques de Barbey d'Aurevilly, sur sa généalogie et sa noble enfance, le mettant en scène en compagnie de l'abbé chargé de son éducation, et auquel il criait avant de faire des armes avec lui : « Allons, l'abbé, retrousse ta soutane ! » Puis c'est la leçon d'équitation, où un louis était placé par le père sur la selle, que le jeune d'Aurevilly devait franchir sans le faire tomber, et le louis était à lui. Mais il était si alerte, qu'on était obligé de renoncer à cet exercice, parce que, disait-il, avec sa voix à la Frédérick-Lemaître, il aurait ruiné son père.

Le malheur de tous ces racontars, était qu'il n'y avait au logis du père Barbey, ni abbé, ni cheval, ni selle, ni le louis même. Un jour dans une griserie de champagne, Barbey avouait que, dans toute sa vie, il n'avait pu tirer de son père que quarante francs, et encore avec quel effort, quelle peine !

Mercredi 1ᵉʳ mai. — Grande causerie sur Balzac avec M. de Lovenjoul, chez la princesse.

En ce siècle de respect et de conservation de l'autographe, le balayage, la jetée aux ordures des manuscrits, des lettres de Balzac, a été encore plus étonnante, plus renversante, plus incroyable, que le récit courant qu'on en fait. Balzac mort, les créanciers se précipitaient dans la maison, mettaient à la porte par les épaules la femme, se ruaient contre les meubles, dont ils jetaient par terre tout le contenu, tout le papier écrit, qui dans une vente savante, aurait pu faire, dit M. de Lovenjoul, 100 000 francs. Et cela se donnait, cela se ramassait dans la rue, par qui voulait.

C'est ainsi, que M. de Lovenjoul a découvert dans l'échoppe du savetier qui demeurait en face, la première lettre de Balzac à Mme Hanska, ou du moins la première page de cette lettre, et que le savetier était, au moment où il entrait, en train de rouler pour allumer sa pipe. Et le savetier intéressé par lui, à la retrouvaille de tout ce qui avait été jeté dans la rue, lui faisait mettre la main sur deux ou trois cents lettres, sur des ébauches d'études, sur des commencements de romans, tout prêts à devenir des cornets, des sacs, des enveloppes de deux sous de beurre, chez les boutiquiers des environs, et en dernier lieu chez une cuisinière, qui mettait plusieurs années à se décider à lui vendre un gros paquet de lettres. Et la chasse était amusante, parce que dans l'éparpillement de la correspondance, il retrouvait dans une boutique la fin d'une lettre, dont il avait découvert le commencement dans la boutique d'à côté, et il éprouvait une vraie joie, un jour, de *réempoigner* chez un épicier éloigné, le milieu de la lettre que le savetier était en train de chiffonner.

M. de Lovenjoul parle avec enthousiasme de cette correspondance, qui jointe à d'autres, qu'il avait déjà, est l'histoire intime de la vie de Balzac, regrettant de ne pouvoir encore la publier, parce que Balzac était de sa nature un *gobeur*, et que les gens qui, à la première entrevue, lui paraissaient des anges, à la seconde ou à la troisième, devenaient pis que des diables, en sorte qu'il est terrible pour ses contemporains.

Elle est aussi peu *publiable*, sa correspondance, par des allusions à des privautés amoureuses, se passant entre lui et l'objet de son amour, car Balzac, comme on le croit généralement n'avait rien d'un ascète, n'était point un chaste. Et à propos de cet amour M. de Lovenjoul me conte un curieux épisode de cette liaison : l'histoire d'une lettre d'amour écrite par Balzac, que sa maîtresse avait laissée traîner, et que le mari encore vivant avait surprise. Là-dessus Balzac prévenu par la femme, écrit au mari une lettre curieuse, une lettre d'une ingénieuse invention, dans laquelle il dit à M. Hanski, que sa femme l'avait mis au défi de lui adresser une lettre passionnée, dans le genre de celle adressée à Mme X*** dans je ne sais quel roman, et que c'est un pari.

Quant au mariage avec l'écrivain, auquel tout d'abord la grande dame russe n'était pas disposée, ce mariage avait été commandé par une grossesse de

Mme Hanska, qui aurait fait à trois mois une fausse couche, et à la suite de cette fausse couche, il y eut chez la femme de nouvelles hésitations, que Balzac avait eu toutes les peines du monde à surmonter.

Dimanche 5 mai. — Ils sont bons, les jeunes! Ils sont tout à la bataille des mots, et ne se doutent guère qu'à l'heure présente, il s'agit de bien autre chose : il s'agit d'un renouvellement complet de la forme pour les œuvres d'imagination ; d'une forme autre que le roman, qui est une forme vieille, poncive, éculée.

Lundi 6 mai. — Je pensais, pendant que tonnait le canon célébrant l'anniversaire de 1789, je pensais au bel article à faire sur la grandeur qu'aurait la France actuelle, — une France aux frontières du Rhin — s'il n'y avait eu ni la révolution de 89, ni les victoires de Napoléon Ier, ni la politique révolutionnaire de Napoléon III. Eh! mon Dieu, la France serait peut-être sous le règne d'un Bourbon imbécile, d'un descendant d'une vieille race monarchique complètement usée, mais ce gouvernement serait-il si différent de celui d'un Carnot, choisi de l'aveu de tous, pour le néant de sa personnalité?

Retour à pied à Auteuil à travers la foule.

Un ciel mauve, où les lueurs des illuminations mettent, comme le reflet d'un immense incendie, — le bruissement de pas faisant l'effet de l'écoulement de grandes eaux ; — une foule toute noire, de ce noir un peu papier brûlé, un peu roux, qui est le caractère des foules modernes, — une espèce d'ivresse sur la figure des femmes, dont beaucoup font queue à la porte des *water-closet*, la vessie émotionnée ; — la place de la Concorde, une apothéose de lumière blanche, au milieu de laquelle l'obélisque apparaît avec la couleur rosée d'un sorbet au champagne ; — la tour Eiffel faisant l'effet d'un phare, laissé sur la terre par une génération disparue, — une génération de dix coudées.

Mardi 7 mai. — Premier symptôme de l'Exposition : une odeur de musc insuportable se dégageant de la foule qui vague, une odeur de musc insupportable dans un café du boulevard, où il n'y a que des hommes.

Lundi 13 mai. — Les Idées révolutionnaires d'un conservateur. Voici le titre du livre que j'ai trouvé à faire, si je devenais aveugle : une crainte qui me hante. Et ce serait une série de chapitres sur Dieu, sur le gouvernement, sur le cerveau, etc., etc.

Mardi 14 mai. — Oh! si un homme, comme moi, pouvait rencontrer un Japonais intelligent, me donnant quelques savoureux renseignements, traduisant, par-ci, par-là, quelques lignes des livres à figures, et surtout me criant : Gare ! quand je ferais fausse route, quel livre j'écrirais sur les quatre ou cinq artistes de l'*Empire du Lever du Soleil*, de la fin du xviiie siècle et du commencement du xixe — non un livre documentaire, comme je l'ai fait pour les peintres français du siècle dernier, — mais un livre hypothétique, où il y aurait des envolements de poète, et peut-être de la lucidité de somnambule.

Mercredi 15 mai. — Deux sœurs, deux *enfants*, — c'est l'expression de la lettre — avaient demandé, ces jours-ci, à voir l'auteur des FRÈRES ZEMGANNO. Elles sont venues aujourd'hui, ces deux fillettes d'une famille de la petite bourgeoisie, vêtues de robes en laine noire, et les mains dans des gants de soie, au bout des doigts usés. A la fin de la visite, la plus brave m'a demandé dans quel cimetière était enterré mon frère. J'ai été profondément ému par cette touchante prise de congé ! C'est curieux, si je suis bien nié, bien haï, bien insulté, j'ai des enthousiastes, et surtout chez des femmes du peuple, en ce temps où il n'y a plus de religion, et où je me sens, dans leur imagination, occuper la place d'un prêtre, d'un vieil être auquel va un respect religieux un peu tendre.

Jeudi 16 mai. — Ce soir Léon Daudet conte un rêve assez original qu'il a fait ces jours-ci. Charcot lui apportait des pensées de Pascal, et en même temps lui faisait voir dans le cerveau du grand homme qu'il avait avec lui, les cellules qu'avaient habitées ces pensées, absolument vides, et ressemblant à des alvéoles d'une ruche desséchée.

Il m'étonne ce sacré grand gamin, par ce mélange chez lui de fumisteries inférieures, de batailles avec les cochers de fiacre, et en même temps par sa fréquentation intellectuelle des hauts penseurs, et ses originales rédactions sur la vie médicale.

Et sur ce rêve, la conversation monte, et je dis qu'il serait du plus haut intérêt que l'ascendance de tout homme de lettres fut étudiée par un curieux et un intelligent jusque dans les générations les plus lointaines, et que l'on verrait le talent venant du croisement de races étrangères ou de carrières suivies par la famille; et qu'on découvrirait dans un homme, comme Flaubert, des violences littéraires, provenant d'un Natchez, et que peut-être chez moi, la famille toute militaire dont je sors, m'a fait le batailleur de lettres que je suis.

Samedi 18 mai. — Les architectures exotiques de cette Exposition en tuent un peu la réalité; il semble qu'on processionne dans les praticables d'une pièce orientale. Puis, au fond c'est trop grand, trop immense, et il y a trop de choses, et l'attention, comme diffuse, ne s'attache à rien. Le vrai format d'une exposition était le format de l'exposition de 1878.

Avec Manet, dont les procédés sont empruntés à Goya, avec Manet et les peintres à sa suite, est morte la peinture à l'huile, c'est-à-dire la peinture à la jolie transparence ambrée et cristallisée, dont la femme au chapeau de paille de Rubens est le type. C'est maintenant de la peinture opaque, de la peinture mate, de la peinture plâtreuse, de la peinture ayant tous les caractères de la peinture à la colle. Et aujourd'hui tous peignent ainsi, depuis les grands jusqu'au dernier rapin de l'impressionnisme.

Lundi 20 mai. — A l'Exposition, les allants et les venants, tout un monde bêtement affairé, éreinté, affolé, la tête perdue ; c'est de l'humanité qui ressemble aux bestiaux fous, que j'ai vus, en leur course éperdue dans le Bois de Boulogne, au mois d'août 1870.

Mercredi 22 mai. — De même que les banquiers ont un *choisisseur* de tableaux, d'objets d'art, de même les princes devraient avoir un *avertisseur*, pour les éclairer sur la propreté morale des gens qui approchent d'eux.

Jeudi 23 mai. — La Parisienne, un moment, n'aimait, ne connaissait que les couleurs franches — des couleurs toujours un peu *canaille* pour un œil artiste. Enfin un jour, elle est passée aux couleurs que l'on appelle fausses, mais aux couleurs fausses fabriquées par l'Orient, à l'adorable rose turc, au délicieux mauve japonais, etc. Aujourd'hui elle a adopté les couleurs fausses, fabriquées par le Septentrion saxon, et ce sont d'épouvantables nuances que ces verts pousse de panais, ces rouges bisque d'écrevisse, ces jaunes bruns des vieux Rouen.

Vendredi 24 mai. — Quel coup les artistes sont en train de monter aux bourgeois avec les danseuses javanaises ? Cette danse n'a rien de gracieux, de voluptueux, de sensuel, elle consiste tout entière dans des désarticulations de poignets, et elle est exécutée par des femmes dont la peau semble de la flanelle pour les rhumatismes et qui sont grasses d'une vilaine graisse de rats nourris d'anguilles d'égouts.

Dimanche 26 mai. — Une classe curieuse que les tout derniers éditeurs de l'heure actuelle, des éditeurs qui sont des commerçants, ayant fait leur fortune dans des industries ou des négoces inférieurs, et qui, sans aucune connaissance de la partie, croient se relever de leur passé, et anoblir leur avenir par le débit de productions de l'intelligence.

Mercredi 29 mai. — Le docteur Dieulafoy a, ce soir, une originale conversation sur la glande lacrymale, qui ne serait pas plus grosse qu'un pois, et qui, dans certaines circonstances, fournirait aux femmes des litres d'eau, à mouiller plusieurs mouchoirs.

Lundi 3 juin. — Oui, c'est positif : le roman, et un roman tel que FORT COMME LA MORT, à l'heure actuelle n'a plus d'intérêt pour moi. Je n'aime plus que les livres qui contiennent des morceaux de vie vraiment vraie, et sans préoccupation de dénouement, et non arrangée à l'usage du lecteur bête que demandent les grandes ventes. Non, je ne suis plus intéressé que par les dévoilements d'âme d'un être réel, et non de l'être chimérique qu'est toujours un héros de roman, par son amalgame avec la convention et le mensonge.

Mardi 4 juin. — Dîner chez Edmond Rothschild qui reçoit, ce soir, la princesse Mathilde.

L'hôtel le plus princier que j'aie encore vu à Paris. Un escalier du Louvre, où sont étagés sur les paliers des légions de domestiques à la livrée cardinalesque, et à l'aspect de respectables et pittoresques larbins du passé.

Dîner avec la duchesse de Richelieu, la duchesse

de Gramont, le prince de Wagram, le jeune Pourtalès, etc., etc.

Une salle à manger ovale, aux boiseries blanches, avec une table, où montent aux grands candélabres d'argent et s'enguirlandent autour des surtouts, les plus belles orchidées de la terre. Une innovation charmante pour donner de la fraîcheur à une pièce et qui vient, m'a-t-on dit, de Russie : deux obélisques de glace sur des consoles, jouant des morceaux de cristal de roche d'un format inconnu.

Samedi 8 juin. — Par ces chaleurs orageuses, devant moi une assiette de fraises, à côté de l'assiette, dans un flacon de cristal de roche, un bouton de rose Richardson, au jaune bordé de blanc, — en haut un verre d'eau-de-vie de Martell qui m'attend, et mon lit ouvert dans ma chambre enténébrée pour une sieste au léger et vague ensommeillement, et au fond de moi un mépris indicible pour toute cette activité roulante au dehors des fiacres, des omnibus, des tapissières, des tramways, des wagons, menant des gens à l'Exposition.

Dimanche 9 juin. — Il serait intéressant qu'un littérateur intelligent fît plusieurs livres d'imagination : l'un au régime du café, l'autre au régime du thé, l'autre au régime du vin et de l'alcool, et qu'il étudiât sur lui les influences de ces excitants sur sa littérature, et qu'il en fît part au public.

Si j'étais un journaliste, voici l'article que je ferais :

Personne plus que moi, et avant tout le monde, n'a loué d'une manière plus haute le talent de Millet (citations de MANETTE SALOMON et de mon JOURNAL). Eh bien, devant l'espèce de religion qui est en train de se fonder en Amérique, il est bon de dire la vérité. Millet est le *silhouetteur*, et le silhouetteur de génie du paysan et de la paysanne, mais c'est un pauvre peintre, un peintre au coloris tristement glaireux. Au fond, le vrai talent de Millet est d'être un *fusiniste*, un dessinateur au crayon noir avec des rehauts de pastel, le dessinateur styliste de la « Batteuse de Beurre » et de tant d'autres dessins. Voici ce que les Français doivent acheter ; — quant aux tableaux, il faut les laisser aux Américains.

Lundi 10 juin. — Tout ce roulement précipité, tout cet enchevêtrement de voitures sur la voie publique vers l'Exposition : ça me semble les galères de l'activité.

Je passe au panorama de Stevens, qui m'a demandé à retoucher mon portrait, et qui, me faisant remarquer qu'il m'a représenté, dominant le groupe naturaliste, me dit : « Ça embête des gens, mais j'ai voulu vous mettre là, comme le papa ! »

A propos du portrait de Baudelaire, Stevens me raconte, qu'il l'avait vu à sa première perte de mémoire, au retour de chez un marchand, chez lequel il avait acheté quelque chose, et à qui, dans le premier moment, il n'avait pu donner son nom, et il ajouta que la désolation du pauvre diable faisait peine.

Jeudi 13 juin. — Ce soir, je retrouve Daudet, de retour de Lamalou, avec du sang sous la peau. Il revient de là-bas avec une espèce de griserie cérébrale, une furie de travail, aiguillonnée par la vue des originaux de Lamalou, me disant qu'il a eu cette année, des bonnes fortunes en ce genre, comme cela ne lui est jamais arrivé.

Samedi 15 juin. — Ce soir, je me rends au *Dîner de la Banlieue*, dont, à ce qu'il paraît, je suis le président honoraire, et qui a lieu aujourd'hui à l'Exposition. Octave Mirbeau, Geffroy, Frantz Jourdain, Gallimard, Toudouze, Monnet, un silencieux aux yeux d'un noir parlant.

Octave Mirbeau, de retour de Menton, dîne à côté de moi. Un causeur verveux, spirituel, doublé d'un *potinier* amusant. Il parle curieusement de la peur de la mort qui hante Maupassant, et qui est la cause de cette vie de loccmotion perpétuelle sur terre et sur mer, pour échapper à cette pensée fixe. Et Mirbeau raconte que, dans une des descentes de Maupassant à terre, à la Spezzia, si je me rappelle bien, il apprend qu'il y a un cas de scarlatine, abandonne le déjeuner commandé à l'hôtel, et remonte dans son bateau. Il raconte encore qu'un homme de lettres, blessé par un mot écrit par Maupassant, et devant dîner avec lui, avait, pendant les jours précédant ce dîner, mis le nez dans de forts bouquins de médecine, et au dîner lui avait servi tous les cas de mort amenés par les maladies des yeux : ce qui avait fait tomber littéralement le nez de Maupassant dans son assiette.

Dimanche 16 juin. — Huysmans disait, ce matin, que l'aspect rigoleur de la population de l'Exposition, n'annonçait rien de bon ; à quoi je répondais, que je ne serais pas étonné qu'il y eût un *coup de chien* l'année prochaine. Et ce soir, Daudet parlant avec moi de la surexcitation amenée dans l'humanité française par l'Exposition, se rencontre avec nous dans le noir pressentiment de l'avenir.

Lundi 17 juin. — S'il est pour un collectionneur un certificat de goût infect, c'est la collection des assiettes de la Révolution. Je crois que dans la poterie de tous les peuples, depuis le commencement du monde, il n'y a jamais eu un produit si laid, si bête, si démonstrateur de l'état anti-artistique d'une société, réduite à manger dans ces assiettes la cuisine de la Cuisinière républicaine, qui se réduit uniquement en 1793, à l'*Art d'accommoder les pommes de terre.*

Jeudi 20 juin. — Aujourd'hui, le dix-neuvième anniversaire de la mort de mon frère.

Je ne sais, mais il me semble que le culte des morts s'en va, au milieu de la rigolade de l'Exposition. Montmartre, ce cimetière si fleuri, si plein de la pensée non oublieuse des survivants, prend un peu l'aspect d'un cimetière abandonné.

Vendredi 21 juin. — Déjeuner à Asnières, chez Raffaëlli, avec Geffroy, avec le ménage Gallimard, à l'effet d'ordonner et de régler l'illustration de l'édition de Germinie Lacerteux, tirée à trois exemplaires.

Le logis de Raffaëlli, une petite maison bourgeoise de banlieue, sans rien de la bibeloterie ou de la faïencerie ordinaire des ateliers, mais où est posé sur un chevalet, ou accroché, çà et là, aux murs pour la vue, dans un cadre joliment doré, un paysage d'Asnières ou de Jersey, le plus souvent peint aux crayons de couleur à l'huile de Faber, un paysage qui a l'air d'un pastel fixé.

Dans ce monde des bibliophiles, dans ce monde de domestiques du vieil imprimé, c'est vraiment un révolutionnaire que ce Gallimard, qui va dépenser 5 000 francs, pour se donner, à l'instar d'un fermier général, pour se donner à lui seul, une édition de luxe moderne, et d'un livre tel que GERMINIE LACERTEUX.

Samedi 22 juin. — Mon Dieu, peut-être deux ou trois années d'aveuglement avant ma mort, ce ne serait pas mauvais cette séparation, ce divorce de ma vision avec la matière colorée, qui a été pour moi une maîtresse si captivante. Il me serait peut-être donné de composer un volume, ou plutôt une série de notes, toutes spiritualistes, toutes philosophiques, et écrites dans l'ombre de la pensée. Malheureusement, je crois déjà l'avoir dit, je ne peux pas formuler quelque chose, sans que mon écriture soit une façon de dessin, d'où sort mon talent d'écrivain.

——— Il y a chez moi un ennui produit par ceci : c'est que l'imagination, l'invention littéraire n'a point baissé chez moi, mais que je n'ai plus la puissance du long travail, la force physique avec laquelle on fait un volume écrit.

Dimanche 23 juin. — Beaucoup de monde chez moi. Mᵐᵉ Pardo Bazan, plus bien portante, plus sonore que jamais, m'apprend que décidément elle a trouvé un éditeur pour sa traduction des FRÈRES ZEMGANNO, qui sera illustrée par le plus célèbre dessinateur espagnol du moment.

Mercredi 26 juin. — Ce soir dîner chez les Charpentier, avec Cernuschi, Robin, les Ménard-Dorian, le ménage Dayot.

Le docteur Robin, qui pendant ses vacances, s'amuse à créer dans une grande propriété qu'il possède à Dijon, des fraises monstres et des melons noirs, parle d'une vigne possédée par un de ses voisins, vigne appelée : *Le clos du Chapitre*, et où l'on exploitait encore une mine de fer au milieu du xvᵉ siècle. Or, le raisin de cette vigne renferme naturellement du fer, et le vin contient les qualités fortifiantes du vin où l'on en introduit, mais sans les inconvénients de ce dernier, par l'assimilation du fer dans une première vie végétative. Malheureusement ce fameux *clos du Chapitre* ne produit que quatre ou cinq pièces de vin.

Cernuschi, qui avait été aujourd'hui à l'exposition de Barye, me parle avec un certain mépris des sculptures du grand sculpteur, surtout au point de vue de la matière, comparée à la matière des bronzes chinois.

Jeudi 27 juin. — Ah! cette critique d'Hennequin, comme elle n'est pas faite pour un cerveau français, et comme le mot de mon frère, sur Feuillet : *Feuillet, le Musset des Familles,* m'en apprend plus sur le talent du romancier de l'Impératrice, que quarante-cinq pages de critique scientifico-littéraire.

Samedi 29 juin. — Aujourd'hui, un marchand m'écrit qu'il avait reçu des livres et des objets japonais, et comme je regarde, de deux yeux ennuyés, le très médiocre envoi de l'Empire du Lever du Soleil, le marchand me dit : « Connaissez-vous ça? » et il ouvre avec une clef un tableau, dont le panneau extérieur montre une église de village dans la neige, et dont le panneau secret, peint par Courbet, pour Kalil-Bey, représente un ventre et un bas-ventre de femme. Devant cette toile que je n'avais jamais vue, je dois faire amende honorable à Courbet : ce ventre c'est beau comme la chair d'un Corrège.

Lundi 1ᵉʳ juillet. — Je suis triste ce soir. J'avais un hérisson, qui depuis deux ans avait fait son domicile de mon jardin, et qui, à la nuit tombante, venait, tous les soirs, manger quelques restes qu'on lui mettait devant le perron. C'était pour moi un plaisir d'entendre le bruissement de sa marche dans les bordures de lierre, puis de voir son déboulement joyeux et gaminant sur le sable des allées, sa promenade hésitante autour de moi, puis son en allée à l'assiette d'os, qu'il suçait avec le bruit d'un curedent dans les dents d'un gourmand asthmatique. Ces jours-ci on l'a vu couché au soleil sur le côté, au fond du jardin, puis le soir il est encore venu à la porte de la cuisine, a regardé Pélagie et sa fille, avec son œil éveillé de rat, a laissé au matin, la trace d'un petit lit, qu'il s'était fait dans les feuilles près de la maison, puis à partir de cette nuit, nous n'en avons plus eu de nouvelles.

Mardi 2 juillet. — Ce soir, dîner sur la plate-forme de la tour Eiffel, avec les Charpentier, les Hermant, les Zola, les Dayot.

La montée en ascenseur : la sensation d'un bâtiment qui prend la mer ; mais rien de vertigineux. Là-haut, la perception bien au delà de sa pensée au ras de terre, de la grandeur, de l'étendue, de l'immensité babylonienne de Paris, et sous le soleil couchant, la ville ayant des coins de bâtisses de la couleur de Rome, et parmi les grandes lignes planes de l'horizon, le sursaut et l'échancrure pittoresque dans le ciel, de la colline de Montmartre, prenant au crépuscule, l'aspect d'une grande ruine qu'on aurait illuminée.

Un dîner un peu rêveur... puis l'impression toute particulière de la descente à pied, et qui a quelque chose d'une tête qu'on piquerait dans l'infini, l'impression de la descente sur ces échelons à jour dans la nuit, avec des semblants de plongeons, çà et là, dans l'espace illimité, et où il vous semble qu'on est une fourmi, descendant le long des cordages d'un vaisseau de ligne, dont les cordages seraient de fer.

Et nous voilà dans la rue du Caire, où le soir, converge toute la curiosité libertine de Paris, dans cette rue aux âniers obscènes, aux grands Africains en leurs attitudes lascives, à cette population en chaleur ayant quelque chose de chats pissant sur la braise, — la rue du Caire, une rue qu'on pourrait appeler la rue du rut.

Alors la danse du ventre, une danse qui serait pour moi intéressante, dansée par une femme nue, et me rendrait compte du déménagement des organes féminins, du changement de quartier des choses de son ventre. Ici une remarque, que me suggèrent mes coucheries avec les femmes moresques en Afrique. C'est peu explicable cette danse, avec ce déchaînement furibond du ventre et du reste chez des femmes, qui dans le coït, ont le remuement le moins prononcé, un mouvement presque imperceptible de *roulis*, et que si vous leur demandez d'assaisonner d'un peu du *tangage* de la femme européenne, vous répondent indignées, que vous leur demandez à faire l'amour comme les chiens.

Mercredi 3 juillet. — Octave Mirbeau est venu me voir aujourd'hui. De suite sa conversation va à Rodin. C'est un enthousiasme, une chaleur de paroles, pour son exposition, pour ses deux vieilles femmes dans une grotte, ses femmes aux mamelles desséchées, qui n'ont plus de sexe, et qui s'appellent, je crois : « Sources taries. » A ce sujet, il me rappelle qu'il est, un jour, tombé sur Rodin modelant une admirable chose, d'après une femme de quatre-vingt-deux ans, une chose encore supérieure aux « Sources « taries », et quelques jours après, lui demandant où sa terre en était, le sculpteur lui disait qu'il l'avait cassée; depuis il aurait eu comme un remords de la destruction de l'œuvre louée par Mirbeau, et avait fait les deux vieilles femmes exposées.

Mirbeau a beaucoup pratiqué Rodin. Il l'a eu deux fois chez lui, pendant des séjours d'une quinzaine de jours, d'un mois. Il me dit que cet homme silencieux, devient en face de la nature, un parleur, un parleur plein d'intérêt, et un connaisseur d'un tas de choses, qu'il s'est appris tout seul, et qui vont des théogonies aux procédés de tous les métiers.

Jeudi 4 juillet. — Une lettre adressée à Pierre Gavarni, ces jours-ci :

Mon cher petit,

Une idée baroque m'a traversé la cervelle aujourd'hui. J'ai touché ces temps-ci 12 000 francs, pour droits théâtraux de GERMINIE LACERTEUX, et je me suis souvenu que l'œuvre de ton père de Maherault, avait été acheté en vente publique par Roederer, 12 000 francs. Je n'ai jamais placé d'argent, et je suis embarrassé de mes 12 000 francs devant la pénurie de l'objet d'art chinois ou japonais. Voudrais-tu me céder l'œuvre lithographique, eaux-fortes et procédés de ton père? La collection serait gardée, tu n'en doutes pas, jusqu'à ma mort et après moi elle serait vendue d'après un catalogue très bien fait. Tu as des enfants, tu n'es pas dans les conditions égoïstes où je me trouve. Voilà, réfléchis...

Maintenant il est bien entendu que je ne cherche pas à faire une affaire, et que cette proposition vient de la religion que j'ai pour le talent de ton père, et que si tu avais envie de vendre, et que si tu trouvais 25 centimes au-dessus de mon prix, je me retirerais. Je n'ai pas besoin de te dire que je ne voudrais pas que ma proposition exerçât la moindre pression sur ta volonté.

Vendredi 5 juillet. — On l'a retrouvé, mon pauvre hérisson, à quelques pas de l'endroit, où il était venu faire ses adieux à la maison. Au petit jour, il avait voulu regagner son trou, et n'avait pu se traîner que quelques pas. C'est étonnant comme il y a chez les animaux sauvages, quand ils souffrent, une tendance à se rapprocher de l'homme.

Lundi 8 juillet. — Crise de foie. Dans la maladie, la cessation de la marche de la pensée en avant, l'arrêt dans les projets, en même temps que le désintéressement brusque, soudain, de ce qui était l'intérêt passionné de votre vie : votre travail, vos livres, vos bibelots.

Jeudi 11 juillet. — Je dîne aujourd'hui à Levallois-Perret, en tête à tête avec Mirbeau et sa gracieuse femme, dans une salle à manger aux murs de laquelle est accrochée, d'un côté, une étude peinte du mari, et de l'autre, une étude peinte de l'épouse.

Mirbeau a la gentillesse de me reconduire à Auteuil, et, en une expansion amicale, me raconte dans le fiacre, des morceaux de sa vie, pendant qu'aux lueurs passagères et fugitives, jetées par l'éclairage de la route dans la voiture, je considère cet aimable *violent*, dont le cou et le bas du visage ont le sang à la peau, d'un homme qui vient de se faire la barbe.

Au sortir de l'école des Jésuites de Vannes, vers

ses dix-sept ans, il tombe à Paris pour faire son droit, mais n'est occupé qu'à faire la noce. Vers ce temps-là, Dugué de la Fauconnerie fonde l'*Ordre*, et l'appelle au journal, et il a le souvenir — lui qui vient d'écrire la notice de l'exposition de Monnet — que son premier article, fut un article lyrique sur Manet, Monnet, Cézanne, avec force injures pour les académiques : article qui lui fit retirer la critique picturale. Il passe à la critique théâtrale, mais ses éreintements sont entremêlés de tant de demandes de loges pour des femmes légères, qu'au bout de quelques mois, il avait fâché le journal avec tous les directeurs de théâtre.

Là, quatre mois de vie étrange, quatre mois à fumer de l'opium. Il a rencontré quelqu'un de retour de la Cochinchine, qui lui a dit que ce qu'a écrit Baudelaire sur la fumerie de l'opium, c'est de la pure blague, que ça procure au contraire un bien-être charmant, et l'embaucheur lui donne une pipe et une robe cochinchinoise. Et le voilà pendant quatre mois, dans sa robe à fleurs, à fumer des pipes, des pipes, des pipes, allant jusqu'à cent quatre-vingts par jour, et ne mangeant plus, ou mangeant un œuf à la coque toutes les vingt-quatre heures. Enfin il arrive à un anéantissement complet, confessant que l'opium donne une certaine hilarité au bout d'un petit nombre de pipes, mais que passé cela, la fumerie amène un vide, accompagné d'une tristesse, d'une tristesse impossible à concevoir. C'est alors que son père, auquel il avait écrit qu'il était en Italie, le découvre, le tire de sa robe et de son logement, et le promène, pas mal crevard, pendant quelques mois en Espagne.

Arrive le 15 mai. Il était rétabli. Par la protection de Saint-Paul, il est nommé sous-préfet dans l'Ariège, et il me dévoile les mensonges du suffrage universel, me contant que dans une commune, où Saint-Paul avait eu l'unanimité, quelques mois après, le candidat de Gambetta avait la même unanimité.

Mais au mois d'octobre de cette année, le sous-préfet est sur le pavé, et il se remet à faire du journalisme dans le *Gaulois*.

C'est alors l'époque de cette grande passion qui l'improvise boursier, un boursier s'il vous plaît, gagnant douze mille francs par mois pour la femme qu'il aime, puis bientôt la cruelle déception, qui lui fait acheter, avec l'argent de sa dernière liquidation, un bateau de pêche en Bretagne, sur lequel, il mène pendant dix-huit mois la vie d'un matelot, dans l'horreur du contact avec les gens *chic*.

Enfin, le retour à la vie littéraire...

Vendredi 12 juillet. — Exposition centennale. Je ne sais, si ça tient à ce jour fait pour des expositions de machines, et non pour des expositions de tableaux, mais la peinture depuis David jusqu'à Delacroix, me paraît la peinture du même peintre, une peinture bilieuse, dont le soleil est du triste jaune, qu'il y a dans les majoliques italiennes. Oui, vraiment la peinture contemporaine tient trop de place dans ce temps. Au fond il y a eu une peinture primitive italienne et allemande ; ensuite la vraie peinture qui compte quatre noms : Rembrandt, Rubens, Velasquez, le Tintoret ; et à la suite de cette école de l'ingénuité et de cette école du grand et vrai *faire*, encore de jolies et spirituelles palettes en France, et surtout à Venise, et après plus rien que de pauvres *recommenceurs*, — sauf les paysagistes du milieu de ce siècle.

Vendredi 19 juillet. — Daudet me dit, en nous promenant ce matin dans le parc de Champrosay, que j'ai manqué hier une conversation bien intéressante de Mistral : une sorte de biographie au courant de la parole.

Et joliment, Daudet s'étend sur ce paysan poétique, appartenant tout entier à ses bouts de champs, à son *petit bien*, à sa maison, à ses parents, à sa province, enfin à tout cela de rustique et d'ancienne France, dont il a tiré sa poésie. Il m'entretient de l'enfant, qui s'est sauvé quatre fois du collège, pour retourner à son clos, et qui, à douze ans, fabriquait deux petites charrues minuscules, les deux uniques objets d'art qui parent l'habitation de l'homme. Il me le montre, prenant goût aux études, et pouvant seulement être gardé par le collège, alors qu'il a connu les Géorgiques de Virgile et les Idylles de Théocrite.

Un type particulier, ce paysan d'une race supérieure, d'une race aristocratique, chez laquelle le travail des champs, sous le beau ciel du Midi, prend une idéalité qu'il n'a jamais eue dans le Nord.

Dans cette biographie, tout émaillée d'expressions provençales, que le raconteur de lui-même, jetait en marchant dans les allées du parc, il était question de deux mariages : d'un mariage avec une Mistral, lui apportant des millions, et qu'il avait rompu avec une grande tristesse d'âme, en rentrant dans son domaine, sur le sentiment qu'il éprouvait de la disproportion de son avoir et de celui de sa femme, et dans la crainte que cette grande fortune ne lui fît perdre les éléments inspirateurs de sa poésie.

Quant à l'histoire du mariage qui s'est réalisé, elle est vraiment charmante. L'article de Lamartine sur MIREILLE avait amené une correspondance de Mistral avec une dame de Dijon, et un jour qu'il passait par la Bourgogne, il faisait une visite à sa correspondante. Des années, beaucoup d'années se passaient, et tous les soirs, en mangeant avec sa mère, c'étaient des phrases dans le genre de celle-ci : « Les hommes, c'est fait pour se marier... pour avoir des enfants... toi, quelle sera ta vie, quand je n'y serai plus... tu auras une bonne avec laquelle tu coucheras? » Une nuit, après une de ces gronderies, Mistral se rappelant une toute petite fille, qui le regardait avec de beaux grands yeux, lors de la visite qu'il avait faite à la dame de Dijon, et qui était sa tante, il se demandait quel âge elle pouvait bien avoir, calculait qu'elle avait dix-neuf ans, partait pour Dijon, se rendait à la maison, où il avait fait une visite, une dizaine d'années avant, demandait en mariage la jeune fille, qui lui était accordée.

Et Daudet, se reconnaissant une certaine parenté avec Mistral, déclare qu'il était venu au monde, avec le goût de la campagne, qu'il n'avait point l'*appétence* de Paris, qu'il n'avait point l'ambition de devenir célèbre, qu'il avait été porté à Paris comme un *duvet*, et que l'ambition de la célébrité, lui était venue du milieu, dans lequel il était tombé.

En promenade, devant l'épanouissement de Daudet, devant les champs de blé, tout roux, tout dorés, tout brûlés.

— Daudet, lui dis-je, vous aimez la plaine, vous?

— Oui, me répond-il, la verdure ne me comble pas de joie... Nous les gens du Midi, nous aimons les grillades de toutes sortes, et c'est pour nous une stupeur, quand nous arrivons à tout ce vert qui est dans le Nord.

Jeudi 25 juillet. — Aujourd'hui avec les Ménard-Dorian, Mme Lockroy, le jeune Hugo, dîne à Champrosay, M. Brachet qu'a rencontré Daudet à Lamalou, et de la conversation duquel il est revenu tout à fait toqué.

C'est en effet un causeur supérieur, par la science

profonde qu'il possède de toutes les questions qu'il aborde, par le jugement original qu'il porte sur elles, par l'indépendance de son esprit à l'endroit de toutes les idées reçues, de tous les clichés acceptés, etc. Un petit homme aux yeux noirs, à la barbe grêle, au teint marbré de plaques rougeaudes, au crâne à la conformation assez semblable à celui de Drumont. Il se met à parler de la situation politique, du désarroi du moment, de l'avènement futur de Boulanger.

Il s'est trouvé avec lui à la Flèche, il a été de sa promotion, et dit que ce qui le caractérise, c'est qu'il est un étranger, un Écossais par sa mère, un homme qui ne connaît pas le ridicule, qui se promènerait dans une voiture rouge d'*Old England*... qu'au fond il méprise les Français. Il ajoute qu'il est menteur, menteur, qu'il a une très moyenne intelligence, mais une volonté enragée, avec le talent, un talent tout particulier de parler à la corde sensible des gens auxquels il s'adresse, et qu'il a très souvent la bonne fortune des mots qui enlèvent, enfin qu'il est un *allumeur de foules*.

On s'entretient ensuite de Freycinet, l'homme funeste, le ministre dont Bismarck a dit un jour : « Il m'apparaît comme le ministre d'un grand désastre. »

Samedi 27 juillet. — Un joli mot d'un petit garçon à une grande fillette, affectionnée par lui : « *Je t'amoure.* »

Dimanche 28 juillet. — Il fait partie vraiment des belles actions, ce sacrifice fait par une femme à la très petite fortune, Mme Dardoize, ce sacrifice de 6 000 francs qu'elle avait de côté, pour la fondation d'une ambulance au commencement de la guerre de 1870, ambulance, où, au bout de trois jours, elle était abandonnée par les illustres infirmières qui s'étaient fait inscrire, et où elle frottait le parquet, en faisant les lits de trente-deux blessés, dont aucun n'est mort.

Et les intéressantes et humaines choses dont elle a été spectatrice. Un petit Breton héroïque, inconscient de son héroïsme, blessé aux deux bras avec un morceau d'obus dans la poitrine, ne connaissant pas un mot de français, et qui, au crépuscule, se mettait à chantonner les vêpres en latin bas-breton. Et à côté de lui un voltairien enragé, auquel cette sœur de charité éclectique, un jour de Noël, mettait dans ses souliers les Contes de Voltaire, tandis qu'elle mettait un chapelet dans les souliers du Breton.

Mardi 6 août. — Déjeuner chez Drumont.

Une petite salle lumineuse, où la vue, une vue égayante, passant par-dessus la torsion des vieux arbres fruitiers, et traversant la Seine, va au coteau vert qui fait face. Là dedans de vieux bahuts, faits de pièces rapportées, sous un trumeau de Boucher, acheté chez un tapissier de Villeneuve-Saint-Georges.

A propos de la tournure conventuelle de la vieille bonne qui nous sert, il est question des domestiques, et de la servitude de nous tous, à leur égard. Et Daudet de conter, que Morny avait les entrailles assez faibles, et qu'un tour de main, dans la confection des cataplasmes l'avait assujetti à la femme de chambre d'une maîtresse, et qu'un domestique de Morny pas bête avait épousé la femme, et que, de par elle et son tour de main, il était devenu le maître absolu du Président du Conseil, obtenant tout ce qu'il voulait, en le tenant toujours sous la menace de quitter son service.

Une omelette, un gigot, des haricots se succèdent.

Une allusion fortuite au *Panthéon littéraire*, à Buchon qui se trouve être l'oncle de Drumont, amène la conversation sur les croisades, la prise de Constantinople, et les mépris d'Anne Comnène, cette Byzantine littéraire et artiste, à l'endroit des gros barons septentrionaux. Et de Constantinople et d'Anne Comnène et des croisades, nous sautons au Père Dulac et aux missionnaires, dont Drumont parle avec un lyrisme religieux, disant que ce sont des hommes, dont toute la virilité est passée dans leur foi. Et il conte, comme un vrai croyant qu'il est, qu'un de ces missionnaires étant mort à bord d'un petit bâtiment chinois, et son corps ne se décomposant pas, les matelots avaient dit à son compagnon : « Mais il était donc vierge ! »

On apporte une salade de tomates très réussie pour des palais blasés, quand Daudet, qui est muet depuis quelques instants, pris de douleurs intolérables d'estomac, demande à aller se jeter, une minute, sur un divan dans la chambre de Drumont.

Cette sortie jette un froid parmi nous deux, restés à table. Il y a un silence, au bout duquel Drumont jette cette phrase inattendue :

— Pourquoi sommes-nous sur la terre?... Pourquoi sommes-nous réunis dans ce moment?... Pourquoi en face de ce paysage, nous livrons-nous à des conversations supérieures?

Et Drumont dit cela, en se donnant des coups de doigts révoltés, dans sa noire crinière, où une mèche se déroule, tortillée sur son front à la façon d'une mèche de Gorgone, tandis que ses yeux de scribe moyenageux, encastrés dans leurs minces lunettes, sont abaissés sur les fleurs de son assiette.

Daudet est rentré, et assis, à demi couché sur une petite table, pendant qu'il prend à de lentes avalées, une tasse de café, interrompant soudain nos doléances sur la société moderne et sa veulerie, il se met à parler éloquemment sur la ressemblance de la génération actuelle avec Hamlet, de cette génération chez laquelle, selon une expression de Baudelaire, l'action ne correspond pas avec le rêve, prétendant que l'époque ne comporte pas l'action.

Lundi 12 août. — Hayashi est venu chez moi, et a passé la journée à me déchiffrer des noms d'artistes japonais sur mes bibelots.

Comme je m'étonnais de la longévité des artistes japonais, citant Hokousaï et tant d'autres, et même le brodeur, dont il était en train de me lire la signature, sur un foukousa représentant une carpe monumentale, et que voici : « *Jou-ô, âgé de 73 ans* », Hayashi me disait qu'au Japon, la mortalité de 1 à 10 ans était énorme, encore très grande de 10 à 20 ans, encore grande de 20 à 30 ans, mais que l'homme qui avait atteint l'âge de 30 ans, réunissait là-bas, toutes les chances pour attraper beaucoup d'années. Toutefois comme sa réponse à ma question ne concernait pas absolument les artistes japonais, Hayashi ajoutait que les artistes qui font parler d'eux, le doivent à une vitalité supérieure à celle des autres hommes, et quand ils ne sont pas *submergés* par un accident, ils doivent vivre très vieux.

Il y a vraiment de l'ironie française chez ce peuple japonais. Hayashi me racontait qu'un compatriote, qu'il a connu à Paris, et qui est devenu un grand monsieur dans le gouvernement japonais, lui avait écrit plusieurs fois, sans qu'il répondît, lorsque à son dernier voyage au Japon, il lui avait demandé à venir le voir, dans une lettre où il lui disait : « Oui, je suis un fonctionnaire du gouvernement, mais je suis tout de même un honnête homme, je ne vole pas mes appointements, et je *mérite* une visite. »

Mercredi 14 août. — Les journaux qui ont raconté

la visite du Shah de Perse à Saint-Gratien, n'ont point eu connaissance du message qui l'a précédé, et qui demandait de lui faire préparer « un verre d'eau glacée, des gâteaux, une chaise percée ».

Un Russe bien informé me disait, que dans cette demande, il n'y avait pas l'appréhension de mauvaises entrailles, mais une affectation de dédain, de la part du « Roi des Rois » pour les familles royales et princières de l'Europe. Et ce Russe me racontait, qu'au dîner donné à Saint-Pétersbourg, et où le Shah donnait le bras à l'Impératrice de Russie, en se levant de table, il avait, un moment, marché le premier en tête, faisant semblant d'oublier la souveraine, pendant que l'Impératrice le suivait assez embarrassée.

Lundi 19 août. — Aujourd'hui à l'Exposition, une évocation du passé bien autrement intéressante pour moi, que le char d'Attila : ç'a été un petit modèle de diligence jaune, portant sur la caisse : *Rue Notre-Dame-des-Victoires.* En le regardant, je retrouvais mes gais départs pour les vacances en province, la sortie victorieuse de Paris à grandes guides par les rues étroites, le sautillement des croupes blanches devant les vitres du coupé, les relais retentissants du bruit de la ferraille, les villages et leurs pâles vivants, traversés dans le crépuscule, au galop. Et la petite diligence jaune, me rappelle encore une de mes plus profondes émotions — c'était cette fois en rotonde, — je revenais tout seul, à douze ans, de mes premières vacances passées à Bar-sur-Seine, et j'avais acheté les livraisons à quatre sous du roman de Fenimore Cooper : LE DERNIER DES MOHICANS. Postillon, conducteur, voisins de rotonde, endroits où l'on s'arrêtait pour relayer, auberges où l'on mangea, je ne vis rien des choses de la route. Non, jamais je ne fus aussi absent de la vie réelle, pour appartenir si complètement à la fiction, — sauf cependant une autre fois, la fois, où plus petit encore, j'avais lu, échoué dans une vieille bergère de la chambre à four de Breuvannes, j'avais lu ROBINSON CRUSOÉ, que mon père avait acheté pour moi, à un colporteur de la campagne.

Jeudi 22 août. — En montant à Bar-le-Duc, dans la *victoria* de Rattier, mes regards s'arrêtant par hasard sur mes mains reflétées sur le cuir verni du siège du cocher, mon étonnement est grand de rencontrer dans le reflet de mes mains, le trompe-l'œil le plus extraordinaire d'un morceau de peinture de Ribot, avec ses chairs aux ombres noirâtres, aux lumières d'un rose violacé.

Lundi 26 août. — Mon Dieu, que le monde est

loin d'être infini. Aujourd'hui je prononce le nom d'Octave Mirbeau devant ma cousine, qui me dit : « Mais Mirbeau... attendez, c'est le fils du médecin de Remalard, de l'endroit où nous avons notre propriété... eh bien, je lui ai donné deux ou trois fois des coups de fouet à travers la tête... Ah! le petit affronteur que c'était, quand il était enfant... il avait par bravade, la manie de se jeter sous les pieds des chevaux de mes voitures et de celles des d'Andlau. »

Mardi 3 septembre. — Le général Obernitz, le général vurtembergeois qui, après Reichshoffen avait établi son quartier général à Jeand'Heurs, et qui se montra un vainqueur supportable, disait à Rattier, quand il quitta le château : « Oh! priez Dieu pour vous, que nous rencontrions l'ennemi loin d'ici, parce que le soldat qui s'est battu, devient une bête féroce pendant trois jours... et moi-même je n'en suis pas le maître! »

Samedi 7 septembre. — Une fille du maréchal Oudinot, Mme de Vesins, je crois, aimait tant Jeand'Heurs, que lors de la vente de la propriété, elle en avait emporté des sachets de terre, comme on emporte des sachets de Terre Sainte.

Lundi 9 septembre. — Des *rejets* dans de petits sentiers à travers le bois, au loin au loin : une perspective de raquettes de coudrier, aux béquilles basculantes, s'offrant perfidement au sautillement voletant des oiseaux. Je suis tombé dans la *tendue.*

Oh! que de souvenirs des bonnes journées de mon enfance, passées à Neufchâteau. Le départ à cinq heures. Une heure de marche, au bout de laquelle, on arrivait à un grand pré, qui avait presque toujours, çà et là, des taches d'un vert plus vivace que le reste de l'herbe, des taches qui étaient des places à *mousserons*, poussés la nuit, et qu'on cueillait dans la rosée. Puis les provisions déballées dans la cabane, le feu allumé et les pommes de terre dans un pot de fonte, on allait faire la première tournée, et la tournée était longue, car il y avait 1500 rejets, et les jours de passage, les allées étaient pleines, d'un bout à l'autre, de pauvres rouges-gorges, de pauvres rouges-queues, pris par les pattes, et battant désespérément des ailes. Je me rappelle une journée d'octobre, où nous avons pris dix-huit douzaines de ces petits oiseaux, et entre autres au moins une douzaine de rossignols à la petite croupe, qui est une vraie pelote de graisse. Le retour avec une faim de tous les diables, et le fricotage d'un morceau de viande dans les pommes de terre. Un long déjeuner. Une seconde tournée à midi, suivie d'un repos, où le garde qui était un vieux soldat de la garde impériale, un grand homme sec, toujours grognonnant, mais le plus brave homme de la terre, me racontait interminablement toujours, je ne sais quelle bataille, où l'action terminée, n'ayant rien pour s'asseoir, ils avaient mangé assis sur des cadavres d'ennemis.

Au milieu de ces récits, arrivait ordinairement, pour la troisième tournée, mon oncle, l'ancien officier d'artillerie, qui, marchant le premier avec son gros dos rond et son pas lourd, donnait la liberté aux oisillons qui n'avaient pas les pattes cassées, silencieux, et sans donner la réplique à la grondante mauvaise humeur de Chapier.

Chapier c'était le jardinier, le garde, l'organisateur de la tendue, le domestique mâle à tout faire de la maison pour un gage de 300 francs. Il était le mari de Marie-Jeanne, la cuisinière, celle dont mon grand-père avait longtemps comprimé les ardeurs conjugales, en la faisant tremper dans la pièce d'eau de Sommerecourt. Chapier est le père de *Mascaro*, surnom donné dans la famille à son fils, qui tout en doublant son père eut la permission d'établir à côté de la maison, un petit commerce de mercerie et de vente d'almanachs, qui le fit riche à sa mort, de 800 000 fr., et il est le grand-père du Chapier actuel, possesseur de plusieurs millions, et brasseur de grandes affaires, entre autres de la concurrence aux eaux de Contrexéville.

Mon cousin Marin a donné, ces jours-ci, l'hospitalité pour les grandes manœuvres, à un de ses amis, à M. O'Connor, lieutenant-colonel de dragons : un militaire dont la conversation est pleine de faits. Il parlait aujourd'hui de l'extraordinaire force physique des turcos, et de l'espèce de joie orgueilleuse qu'ils éprouvaient, quand leur sac, leur écrasant sac dépassait de beaucoup leur tête. Il les disait merveilleux pour un choc, pour un coup de main, mais incapables d'un effort continu, accusant leur insuffisance au tir, leur inaptitude à viser, entraînés qu'ils sont toujours à la *fantasia*, et n'étant occupés qu'à *faire parler la poudre*, et à se griser de son bruit. Il appuyait aussi sur la nature enfantine de ces hommes, sur le besoin qu'ils ont tous les matins de venir faire des plaintes fantastiques, et qui s'en vont bien contents, et disent : « Merci, capitaine ! » quand le capitaine leur a jeté à la tête : « Tu es un imbécile ! »

Mardi 10 septembre. — Grandes manœuvres dans ce joli pays boisé de Mapelonne, de la ferme du Poirier, de Stainville. Ces manœuvres, aperçues d'un plateau un peu élevé, me font l'effet de rangées de petits soldats de plomb, que je verrais comme d'un ballon captif... C'est amusant par exemple, la vie, l'animation données par les manœuvres dans les villages, et les hommes et les femmes sur le pas des portes, et les enfants, les yeux ardents... Au retour, les jolis croquis pour un peintre : l'envahissement des cafés de village, les consommateurs, en l'effarement des servantes, allant eux-mêmes chercher au cellier, le vin, la bière, et l'encombrement de la rue par les voitures qui n'ont plus de place dans les écuries, par des chevaux attachés à un volet, et au milieu de la bousculade et du brouhaha, le défilé des soldats, des cavaliers couverts de poussière. C'était à Stainville, le berceau de la famille des Choiseul, dont, en quittant le village, j'aperçois le modeste petit château.

Ce matin, à déjeuner, M. O'Connor qui a passé, je crois, deux ans en Cochinchine, nous entretenait de la vie de ce peuple, occupé à travailler et à jouir de l'existence mieux et plus complètement, que nous autres. Il nous disait les fréquentes culbutes de fortune, n'étonnant là-bas ni le possesseur ni les autres, et le millionnaire ruiné se remettant sereinement, le lendemain, à regagner une seconde fortune. Il nous peignait les transactions du pays, au moyen d'une barre d'or qu'on porte sur soi, avec une paire de petites balances ; barre sans alliage, et qui se coupe presque aussi facilement qu'un bâton de guimauve. Il nous affirmait que dans l'Orient, le placement de l'argent était complètement inconnu, et que toute la fortune du petit monde de là-bas consistait dans les bijoux de la femme, qui portait sur elle tout le capital du ménage, et qu'il y avait des mains et des bras de femme se tendant pour vous vendre un centime de n'importe quoi, des mains, des bras où il y avait plus de cinq à six mille francs d'or et de pierres précieuses.

Mercredi 11 septembre. — Quand on demande aux paysans, ce qu'ils pensent du gouvernement actuel, ils répondent : « Nous sommes *ben* las ! — Alors vous voulez un prince d'Orléans?... vous voulez un Napoléon?... vous voulez le général Boulanger ? » Ils font nenni de la tête, et répètent avec entêtement, sans qu'on puisse en tirer rien de plus : « Nous sommes ben las ! »

Vendredi 13 septembre. —Aujourd'hui, c'est le jour de la grande bataille. L'ennemi nous débusquera, ce matin, du plateau de Chardogne qui commande Bar-le-Duc, et nous devons reprendre le plateau dans l'après-midi. Or, nous voilà, tout le monde de Jean-d'Heurs en route, dès neuf heures, pour être sur le terrain des manœuvres à onze heures, où nous arrivons aux premiers coups de canon.

Il y a eu du brouillard toute la matinée. Quelque chose de laiteux est resté dans l'atmosphère, et dans l'excellente lorgnette de Rattier, la guerre ne m'apparaît pas sévère, au contraire elle m'apparaît gaie, jolie, *clairette*, comme dans une gouache de Blarenberg... Un spectacle vraiment drôle, au moment où l'action est le plus vivement engagée, c'est la course éperdue d'un lièvre affolé, auquel ici, un coup de canon, là, une charge de cavalerie, là, la main d'un paysan qui s'est mis à sa poursuite et le touche presque, fait faire les crochets les plus cabriolants. Le hasard nous a servis au mieux, le petit mur d'un champ auquel nous nous sommes adossés pour déjeuner, est occupé par une compagnie de lignards qui se mettent à faire feu, agenouillés derrière le mur, et nous nous trouvons, pour ainsi dire, dans les rangs de la troupe, et bientôt dans un nuage de poudre... Ah! l'intéressante chasse à l'homme que doit être la guerre, pour un monsieur qui n'est pas un couillon, et qui n'a ni la colique, ni la migraine, ni le rhume, pour un monsieur bien portant... Et je pensais au milieu du nuage grisant, et de la canonnade vous faisant bravement battre le cœur, que la fumée qu'on est en train de détruire avec la nouvelle poudre, sera bientôt suivie par une découverte quelconque qui détruira le bruit excitant du canon, et qu'alors ce sera bien froid, et qu'il faudra être bien enragé pour se tuer, non seulement sans se voir, ce qui arrive aujourd'hui, mais encore sans s'entendre.

Ce soir, je plaignais les reins des artilleurs galopant sur les caissons, devant M. de Fraville, officier d'artillerie. « Ce n'est pas sur les reins, me dit-il, que se porte la fatigue du secouement sur les coffres, c'est sur la mâchoire, et cela arrive quelquefois à empêcher les artilleurs de manger le soir. »

Samedi 14 septembre. — Un dur parcours, que celui sur la ligne de l'Est par cette Exposition universelle. Le compartiment de première est envahi par des Allemands, qui se montrent mal élevés, autant que des Anglais en voyage, avec une note de jovialité peut-être plus blessante. Il y a parmi eux un gros banquier juif, qui ressemble étonnamment à Daikoku, au dieu japonais de la richesse, et dont le ventre semble le sac de riz sur lequel on l'assied — et qui pue des pieds. En face est son fils qui se mouche dans un foulard rose, très semblable à une cravate de maquereau, et qui ronfle ignoblement. Le vieux banquier est accompagné de sa fille, une assez jolie fille, à l'air légèrement *cocote*, et qui est couchée de côté sur la poitrine de son père, dont la large main l'enveloppe et lui caresse le corps, auquel le mouvement de lacet du chemin de fer donne le mouvement d'un corps de femme qui fait l'amour. Je n'ai jamais rien vu de ma vie d'aussi impudique que ce témoignage public d'amour paternel. Il y a un autre Allemand, genre étudiant, appuyé sur un sac de nuit, grand comme une malle, vêtu d'un pardessus couleur chicorée à la crème, et buvant à même au goulot d'une longue bouteille de vin du Rhin. Et d'autres encore aussi insupportables et qui semblent se sentir déjà dans leur patrie.

Lundi 16 septembre. — Ce soir, un spectacle assez drolatique, rue du Caire. Un ecclésiastique que j'ai devant moi, à la danse du ventre, se met à regarder de côté, toutes les fois, que le ventre de l'almée soubresaute voluptueusement, devient trop suggestif. Du reste cette danseuse, une danseuse tout à fait extraordinaire, et qui lorsqu'on l'applaudissait, dans la parfaite immobilité de son corps, avait l'air de vous faire de petits saluts avec son nombril.

Jeudi 19 septembre. — Je disais ce soir, après un morceau de Chopin : « Je ne goûte absolument pas la musique, seulement elle produit chez moi un état nerveux. Eh bien, il me semble que l'état nerveux qui m'est donné par Beethoven, est d'une densité supérieure aux états nerveux, que me donnent toutes les autres musiques. »

Vendredi 20 septembre. — Ce matin, causerie de Daudet sur sa pièce LA LUTTE POUR LA VIE, et sur le théâtre en général : « Oh! le théâtre, s'écrie-t-il, c'est une ardoise et un torchon, et une chose à la craie qu'on efface à tout moment... ç'a été le procédé de Shakespeare et de Molière. »

Mardi 24 septembre. — Une singulière forme de gouvernement, ce suffrage universel, qui ne tient aucun compte des minorités, quelque nombreuses qu'elles puissent être. C'est ainsi que, si les 36 millions de Français hommes et femmes votaient, et qu'il y eût d'un côté 18 millions, moins une voix, et de l'autre 18 millions, plus une voix, les 18 millions, moins une voix, pourraient être absolument gouvernés à rebours de leurs sentiments politiques, de leurs tempéraments de conservateurs ou de républicains.

Vendredi 27 septembre. — Deux femmes causaient, devant moi, des premières années de leurs mariages, de la gêne qu'elles éprouvaient devant l'être intimidant et inconnu, devenu leur seigneur et maître, de l'espèce d'effarouchement douloureux de leurs susceptibilités d'êtres timides, tendres, inexpérientes. L'une racontait qu'ayant acheté deux cravates, et son mari ayant témoigné assez vivement, qu'il ne les trouvait pas jolies, avait pleuré toute une nuit. L'autre avouait qu'elle était absolument ignorante de la direction d'une maison, qu'elle ne savait pas commander un dîner et qu'elle avait une mauvaise cuisinière : ce qui faisait que son mari lui reprochait, en riant, de n'avoir pas plutôt appris la cuisine que l'allemand et l'anglais.

Vendredi 4 octobre. — Songe-t-on qu'au jour d'aujourd'hui nous avons soixante-huit préfets et sous-préfets juifs, et que cette prépotence dans l'administration, n'est rien auprès de l'influence occulte des petits conseils sémitiques, en permanence dans chaque cabinet de chacun de nos ministres. Et dire que nous devons le bienfait de cette domination judaïque au grand Français Gambetta, que sur le souvenir de son physique, je continue à croire un juif.

Je relis aujourd'hui du Veuillot, et vraiment c'est le grand pamphlétaire de ce siècle, avec les mépris de son ironie en sous-entendus, et avec le mordant de sa blague hautaine, quand il risque un mot tintamarresque, et qu'il dit que Vapereau est Français comme Jocrisse. Rochefort, tout Rochefort qu'il est, n'a jamais trouvé une insulte de ce calibre d'esprit-là.

Samedi 5 octobre. — Aujourd'hui, je m'amuse à relever à l'exposition du ministère de la guerre, le coût des coups de canon. Les coups de canon de rien du tout, ça va maintenant de 300 à 500 francs. Mais nous avons le coup de canon de 1 350, et même de 1 572 francs. Tout a bien augmenté dans la vie, et c'est devenu bien cher l'art de se tuer.

Que de choses toutefois intimement parlantes à l'historien de mœurs, dans ce musée de la défroque militaire, et comme elle m'en dit plus cette cravache, avec laquelle Murat chargeait à Eylau, que toutes les histoires imprimées de la bataille.

Jeudi 10 octobre. — Ce soir, Rollinat qui se trouve à Paris, est venu dîner chez Daudet. Il a une figure toute jeune, toute rose, toute poupine, et le macabre de ses traits a disparu. Il parle, avec un espèce d'enthousiasme lyrique, de ses chasses, de ses pêches : des pêches au chevaine, où l'hiver il casse la glace, enfin de cette vie active et en plein air qui a remplacé la vie factice, artificielle, enfermée, et sans sommeil de sa jeunesse : vie, il n'en doute pas, qui l'aurait tué. Maintenant il ne sait plus travailler à une table, et si on lui en apporte une, il la brise, et en jette les morceaux au diable. Il lui faut les chemins sauvages, sur les bords de la grande et de la petite Creuse, où il parle tout haut ses vers, où, comme disent les paysans, il *plaide*.

Il s'étend sur son bonheur dans la solitude, sur sa maison éloignée de toute habitation, où la nuit, au milieu de ses trois chiens couchant dans trois pièces, il a un espèce de frisson peureux agréable, au grognement trois fois répété, annonçant un passant sur la route. Étrange maison, où se succèdent des peintres, où l'hospitalité est donnée à des montreurs d'ours, où le préfet vient déjeuner, où les gens d'alentour se rendent à la pharmacie : maison faisant l'étonnement des Berrichons de la localité.

Et sa compagnie, et son intimité, le croiriez-vous, c'est avec le curé ! oh ! un curé de la cure de Rabelais et de Béranger, ayant la carrure d'un frère Jean des Entommeures, et pouvant tenir une feuillette de vin. C'est lui qui, à une messe de minuit de Noël, où les paysans qui s'étaient grisés avant, faisaient du bruit, son surplus déjà à moitié sorti de la tête, leur cria : « Eh ! là-bas, si vous continuez, vous savez que je suis capable de prendre l'un de vous par la moitié du corps, et avec lui, de jeter les autres à la porte. » C'est lui encore qui, dans une chute, s'étant à moitié fracassé la tête, et ayant à ses côtés un confrère poussant des hélas : « Ah ! je vois, vous voulez m'*extrême-onctionner*, mais vous n'y entendez rien, mon cher, avec votre figure de *De profundis*, moi, je fais cela *à la gaieté*. »

Puis l'échappé dans le fond du Berri du bureau des Pompes funèbres, et des soirées aux Batignolles du ménage Callias, nous contait ceci :

Mme Callias était devenue folle à la fin de sa vie, et sa folie consistait en ce qu'elle croyait qu'elle était morte. On lui demandait comment elle allait une, deux, trois fois. Elle ne répondait d'abord pas, mais enfin à la troisième, fondant en larmes, elle vous soupirait, dans un rire de folle : « Mais je ne vais pas, puisque je suis morte. » Alors, il était convenu qu'on lui disait : « Oui, oui, vous êtes bien morte... Mais les morts ressuscitent, n'est-ce pas ? — Elle faisait un signe de tête affirmatif, — et peuvent jouer du piano ? » Alors prenant le bras que vous lui tendiez, elle allait s'asseoir au piano, où elle jouait d'une manière tout à fait extraordinaire.

Et l'on se sépare, en disant qu'il faut faire vulgariser par Gibert dans les salons, la musique de Rollinat, qui ne lui aurait encore rapporté que cent soixante-quatorze francs.

Vendredi 11 octobre. — A l'Exposition, j'entre au Pavillon des forêts, à une heure où la lumière commence à devenir un rien crépusculaire, et c'est vraiment pour moi comme l'entrée dans un palais magique, bâti par les fées de la Sylviculture, dans ce palais aux colonnes fabriquées par ces vieux troncs d'arbres qui ont, pour ainsi dire, les couleurs obscurées des ailes des papillons de la nuit. Et je ne pouvais détacher mes yeux du *bouleau verruqueux*, avec ses taches blanchâtres sur ses rugosités vineuses, du *cerisier merisier*, avec son enrubannement coupé de nœuds, qui ont quelque chose du dessin contourné d'une armoirie de la Belle, du *fagus*, du hêtre, comme tacheté, moucheté d'éclaboussures de chaux, sur son lisse si joliment grisâtre, de l'*épicéa élevé*, avec son écorce qu'on dirait sculptée sur toute sa surface de folioles rondes, du *populus canescens*, au joli ton verdâtre, qu'avaient autrefois adopté comme fond, les grisailles amoureuses du xviiie siècle.

Avant, j'étais entré dans la galerie des moulages. C'est d'un grand art naturiste, cette statue tombale de Marino Soccino de Vecchietta. Et l'admirable et dévote statuette de la Prière, que cette femme, la tête au ciel, dans cette tombée toute droite de sa robe, avec l'ombre de sa coiffe sur les yeux, et les mains jointes à la hauteur de sa bouche dans un mouvement de supplication. Non, il n'y a décidément qu'un siècle où l'on prie, qui puisse donner la figuration morale de la montée amoureuse d'une pensée humaine au ciel.

Lundi 14 octobre. — Hier Léon Daudet, annonçant préparer une thèse sur l'amour, qu'il qualifie de névrose, et disant : « Oh! c'est absolument positif, ça commence par les lobes frontaux et ça va... — Arrête-toi, lui dis-je, il y a des dames! »

En sortant de table, une curieuse conversation sur la ressemblance des commencements de l'aventure de Boulanger avec les commencements de l'aventure de Jules César, telle qu'on la lit dans Plutarque. Puis la conversation monte à l'idée différente que se font du cerveau, le Français, l'Anglais, l'Allemand, et à la description qu'en fabrique le Français avec le concept logique de son esprit, l'Anglais avec ses qualités à la fois de synthèse et d'observation du détail, l'Allemand avec l'abondante diffusion et l'éparpillement de ses idées sur chaque circonvolution.

Mardi 15 octobre. — A l'Exposition. Antiquités cambodgiennes. Ces monstres à bec d'oiseau, qui ont l'air d'appartenir à une période d'êtres *plésiosauriques*, ces sphinx en forme de cynocéphales, ces éléphants à l'aspect d'énormes colimaçons, ces griffons qui semblent les féroces paraphes d'un calligraphe géant en délire! Et au milieu de l'ornementation de queues de paon, d'yeux de plumage, ces attelées d'hommes à la pantomime inquiétante, et ces danseuses, aux formes de fœtus, coiffées de tiares, au rire *héliogabalesque*. Oh! ce rire dans ces bouches bordées de lèvres, comme on en voit dans les masques antiques, et encore ces têtes avec des oreilles semblables à des ailes de chauve-souris, et avec l'ombre endormie et heureuse qu'elles ont sous leurs paupières fermées, et avec l'épatement sensuel, et avec la léthargie jouisseuse d'un sommeillant en une pollution nocturne... Tout ce monde de pierre a quelque chose d'hallucinatoire qui vous retire de votre temps et de votre humanité.

Jeudi 17 octobre. — Aujourd'hui un homme du peuple, au pied de la tour Eiffel, lisait tout haut les noms de Lavoisier, Lalande, Cuvier, Laplace.

— Oui, ce sont ceux qui ont monté la tour! jeta un camarade.

Ce soir, Daudet disait, qu'au moment de s'en aller de terre, avant la perte de la connaissance, on devrait avoir autour de soi la réunion des esprits amis, et se livrer à de hautes conversations, que ça imposerait au mourant une certaine tenue, et comme nécessairement venait sous sa parole, le nom de Socrate, moi qui ne comprends guère la mort que *le nez dans le mur*, je lui répondais que la conférence *in extremis* de Socrate, me semblait bien fabuleuse, qu'en général les poisons donnaient d'affreuses coliques, vous disposant peu à fabriquer des mots et des syllogismes, et qu'il y aurait vraiment à faire, avec le concours des spécialistes, une enquête sur les effets de l'empoisonnement par la ciguë.

Samedi 19 octobre. — A l'Exposition. Parenté des étoffes japonaises avec les tissus de la vieille Egypte, découverts dans la nécropole d'El Fayoun.

Promenade à travers la peinture étrangère.

ALLEMAGNE. Hefner, un paysagiste de premier ordre, avec les blondeurs couleur de glaise de ses futaies, avec le roux brûlé de ses terrains, avec le gris perle de ses eaux et de ses ciels. Il a une *Via Appia*, sous un nocturne de ciel argenté, derrière de noirs cyprès, du plus grand effet et du plus bel art.

AUTRICHE-HONGRIE. Des Charlemont qui font de la peinture historique, jolie à la façon de la peinture historique, qui se commande sur les vases de Sèvres.

ESPAGNE. Alvarez. *La chaise de Philippe II.* De ces beaux tons, qui ont du gris fauve des tons de peaux de daims mégissées.

Rico est de tous les paysagistes de la terre, le paysagiste spirituel, et dans ces terrasses toutes fleuries descendant à l'eau, avec derrière elles les pins parasols et les cyprès, et dans les lointains violacés, où les maisons des villes du Midi font des taches blanches parmi les jardins à la chaude verdure, Rico se montre le seul artiste qui sache être un féerique décorateur, dans de la vraie et sérieuse peinture.

ITALIE. Carcano a exposé des vues panoramiques de l'Italie, où se trouve une merveilleuse entente de la configuration stratifiée des terrains.

Dans les dessins, des dessins au crayon noir de Macari, des dessins de la Rome antique, de la Rome *togata*, où tous ces vieux Romains sont si bien saisis dans les plis et la tombée de la toge, dans leurs attitudes sur les sièges de pierre, dans leurs groupements debout, sont si bien saisis, qu'on croirait à des photographies du temps.

ANGLETERRE. Un peintre à l'aquarellage clair de l'huile, à la petite touche spirituelle, un Teniers laiteux, un continuateur de Wilkie, cet Orchardson, ce peintre de *la Première Danse*.

J'ai enfin trouvé la vraie définition de Carrière : c'est un Velasquez crépusculaire.

Dimanche 20 octobre. — Ce matin, visite du critique danois Brandès qui me parle de ma popularité, dans son pays et en Russie. Il s'étonne un moment avec moi du snobisme de quelques-uns de nos écrivains très célèbres.

Jeudi 24 octobre. — A l'Exposition. Oh ! ces étranges plantes du Mexique, ces plantes aux tons de vieilles pierres, ces plantes qui n'ont rien du balancement de l'arbuste, qui ont l'immobilité, la solidité dense du polypier, ces plantes toutes hérissées de piquants, de poils, et dont quelques-unes présentent l'aspect d'une fourrure, et parmi ces plantes fantasques, le *Pelocereus senilis*, qui a l'air d'une colonne d'un temple en treillage du XVIIIe siècle, en sa couleur vert d'eau d'une vieille sculpture de jardin, et qu'on dirait surmontée de la flamme en faïence violette d'un poêle rocaille.

Pour l'art dramatique annamite, je ne trouve pas d'autre définition que celle-ci : des miaulements de chats en chaleur au milieu d'une musique de tocsin.

Vendredi 25 octobre. — Des cafés à l'Exposition qui commencent sourdement à se démeubler, et à se démolir, et qui prennent l'aspect de ces hangars à manger et à boire, qui s'improvisent aux premiers jours, dans les Californies.

Ce soir Geffroy vient dîner. Il m'apporte la préface de GERMINIE LACERTEUX, qu'il a faite pour l'édition à trois exemplaires de Gallimard. Le véritable titre de cette préface devrait être : *la Femme dans l'œuvre des Goncourt*. C'est bravement admiratif avec une note de tendresse qui m'émeut. Jamais il n'a été imprimé sur moi, quelque chose d'aussi hautement pensé, et d'aussi artistement écrit.

Samedi 26 octobre. — De midi à six heures, à la répétition de la LUTTE POUR LA VIE.

C'est du théâtre qui remue de la pensée autour de

l'état moral de la société actuelle, et ce n'est pas commun au théâtre. Daudet possède tout à fait à un degré supérieur l'invention scénique, qu'ont bien moins que le romancier de SAPHO, les faiseurs attitrés du théâtre. La scène du barbotage de la toilette, montrant le boucher dans l'homme du monde, avant qu'il ait endossé le plastron de soirée, c'est vraiment pas mal. La tentative d'empoisonnement de la duchesse, au moment où on lit dans le salon de l'hôtel l'étude sur Lebiez, c'est comme une coïncidence dramatique, d'une ingéniosité plus forte, je crois, que les ingéniosités d'un dramaturge quelconque. Mais ce que je trouve de tout à fait remarquable dans l'ordre de l'imagination théâtrale, c'est la trouvaille de la façon dont le poison vient naturellement dans la poche de Paul Astier, et comme l'auteur fait d'une manière, pour ainsi dire explicable, de ce flacon presque un agent provocateur.

Jeudi 31 octobre. — Loti est venu de Rochefort, pour assister à la LUTTE POUR LA VIE, et s'il vous plaît, en grand uniforme. En dînant, on cause des candidats pour le fauteuil d'Augier, et au milieu de cette causerie, Daudet demande à Loti, pourquoi il ne se présente pas. Loti répond naïvement qu'il se présenterait bien, mais qu'il ne sait pas trop comment ça se fait. Alors l'idée un peu méphistophélique de jeter de l'imprévu, dans les combinaisons arrêtées d'avance du corps savant, nous prend d'improviser cette candidature, qui va produire le même effet qu'un pied posé dans une fourmilière, et cela est aussi mêlé de la pensée ironique du désarroi, que ça va mettre dans la hiérarchie maritime, cette anomalie d'un lieutenant de vaisseau, académicien. Et tout chaud Daudet propose à Loti de lui écrire le brouillon de sa lettre de présentation, pendant qu'il va être enfermé dans le cabinet de Koning, où il passe toute la soirée...

Sauf un peu de résistance à l'explosion de maternité de la duchesse Padovani, après la tentative d'empoisonnement sur elle de son mari, la pièce est acceptée sans protestation, et même très applaudie aux fins d'actes.

Un débutant du nom de Burguet, remarquable par un jeu tout de nature, fait de gaucherie de corps et de simplicité de la parole. J'ai le pressentiment que ce Burguet deviendra un grand acteur du théâtre moderne.

En montant en voiture, Daudet remet à Loti, le brouillon de sa lettre de présentation à l'Académie, qu'il a, en effet, écrite dans le cabinet de Koning, pendant qu'on jouait sa pièce.

Vendredi 1ᵉʳ novembre. — Oh, ma décoration, j'ai bien envie de ne plus la porter, aujourd'hui que dans la liste des chevaliers de la Légion d'honneur, je lis Durand (*fruits confits*). Voyons, là, raisonnablement, est-ce que la confection des fruits confits et des livres devrait avoir la même récompense ?

Mercredi 6 novembre. — Ce soir, grand dîner donné par l'*Écho de Paris* à la presse parisienne. J'ai pour voisin Vacquerie. Nous nous entretenons des œuvres de Victor Hugo qui restent à publier, et qui ne peuvent maintenant dépasser cinq ou six volumes. Il y a à peine assez de copie pour faire un second volume des CHOSES VUES, mais il existe pas mal de notules et de pensées, dont on pourra peut-être emplir tout un volume.

Comme je parle à Vacquerie de la toquade de mon frère pour TRAGALDABAS, il me conte que c'est le succès du TRICORNE ENCHANTÉ de Théophile Gautier aux Variétés, qui l'avait fait écrire sa pièce, primitivement en trois actes, et qu'il voyait jouée par le comique Lepeintre jeune. Et donc, il avait prié Hugo d'inviter Roqueplan à déjeuner, pour lui lire sa pièce, mais Hugo n'ayant point de réponse au bout de huit jours, dans son désir passionné d'être joué, Vacquerie avait fait inviter à déjeuner Frédérick-Lemaître qui avait accepté le rôle. Là-dessus était arrivée une lettre de Roqueplan, s'excusant de n'avoir pas répondu, parce qu'il était en province et se mettant tout à la disposition de Hugo. Mais déjà le traité était signé avec Cognard qui lui demandait d'allonger la pièce, ce qui avait lieu à la diable, aux répétitions. Enfin, la première avait lieu, une première où les figurants eux-mêmes sifflaient Frédérick-Lemaître, qui, complètement ivre, avait la plus grande peine à se tenir sur ses jambes, quand, sous une fantasque inspiration de la soûlerie, sa tête d'âne lui ballottant sur la poitrine, il s'avançait vers la rampe et s'écriait : « Messieurs et citoyens, je crois que c'est le moment de crier : « Vive la République ! » Et alors c'étaient des applaudissements jusqu'à la fin.

Dimanche 17 novembre. — Il est question dans des *apartés*, des livres que chacun fait. Huysmans remet à plus tard son livre sur Hambourg. Rosny me parle avec un certain mépris de son TERMITE paraissant dans la Revue de Mme Adam, et me confesse qu'il travaille à un livre, qu'il met au-dessus de tous ses précédents bouquins, et qui aura pour titre : LA BONTÉ, un livre un peu en opposition avec le courant littéraire contemporain, se plaisant à peindre les rouries du mal, et qui peindra, selon l'expression de Rosny, les *ruses du bien*.

Mardi 3 décembre. — On ne saura qu'en posant pour son buste, devant un sculpteur chercheur et consciencieux, ce qu'il y a dedans les plans d'un visage, de petites protubérances, d'épaisseurs, de méplats, d'amincissements qui s'aperçoivent à la *lumière frisante*, et ce qu'il faut de boulettes de terre glaise et de grattages d'ébauchoir, pour rendre les insensibles creux et les imperceptibles saillies d'un plein ou d'un tournant de la chair, qui paraît plane.

Et je causais avec Alfred Lenoir, de l'âge où il s'était pris de passion pour la sculpture, et il me racontait qu'à l'âge de quatorze ans, ayant eu une fièvre cérébrale, ses études avaient été interrompues, et qu'il passait sa journée à vaguer dans l'École des Beaux-Arts, dont son père venait d'être nommé le Directeur. Et dans ce vagabondage, en cette maison d'art, il avait été pris du désir d'en faire autant, que les jeunes sculpteurs qu'il voyait travailler. Or, il avait obtenu de se faire inscrire parmi les concurrents pour l'admission à l'École, et à quinze ans, il était admis le premier, sur l'éloge que Carpeaux faisait de son morceau de sculpture. C'était une petite académie d'après un modèle affectionné par Regnault, un modèle à l'anatomie nerveuse, à la tête de mulâtre, et dont le corps *artistique* lui donnait une espèce d'enfiévrement dans le travail, un enfiévrement tel, me disait-il, qu'il sortait tout en sueur de ces séances du soir, pendant lesquelles avait lieu le concours.

Puis, à quelques années de là, Lenoir obtenait le second prix au concours de Rome, était découragé, dégoûté du travail de l'École, allait passer à ses frais huit mois en Italie, puis revenait à Paris, où il obtenait une seconde, et enfin une première médaille aux Salons.

Finalement, Lenoir me conte que son père avait connu Houdon, dans les dernières années de sa vie, où il habitait l'Institut, et pendant lesquelles il était tombé en enfance, ramassant des culs de bouteille qu'il donnait pour des pierres précieuses.

Vendredi 13 décembre. — Hier, au bas de je ne sais quel journal, acheté pour tuer la demi-heure de chemin de fer d'Auteuil à Paris, j'avais lu cette histoire, cette très vieille histoire, déchiffrée par Maspero sur le papyrus d'une momie. Le roi Rhompsonitos possédait, caché dans un souterrain, un trésor dont il croyait avoir seul le secret de l'ouverture. Mais les deux fils de l'architecte du souterrain s'y introduisaient toutes les nuits. Alors, le roi y faisait placer des pièges pour prendre les voleurs, et l'un des deux frères était pris, et l'autre lui coupait la tête, pour n'être pas reconnu et arrêté. Or, le roi qui avait une très belle fille, lui ordonnait de se prostituer à tout passant, avec la demande pour salaire, du récit du plus méchant tour qu'il avait commis pendant sa vie. Le survivant des deux frères, sur le sein de la princesse, lui confessait son vol et l'assassinat de son frère, mais au moment, où elle donnait le signal pour l'arrêter, et le prenait par le bras, le bras lui restait dans la main, c'était le bras d'un mort sous lequel se dissimulait le sien... L'étrangeté de ce roman *pharaonique*, le passé lointainement reculé dont il venait, le mystère de sa trouvaille sous l'ensevelissement des siècles, tout cela m'avait pris la cervelle, et je marchais, à la nuit tombante, dans le brouillard de Paris, absent de Paris et du temps présent, quand devant moi se mit à sauteler, à l'aide dans les mains d'espèces de fers à repasser, un cul-de-jatte étrange, et qui semblait traverser la chaussée, en passant sous les voitures, sans être écrasé.

Et la nuit, je ne sais comment le roi Rhompsonitos et mon cul-de-jatte devenaient contemporains, se mêlant, se brouillant dans un rêve, où je voyais le roi, sa fille, et le voleur, tous de profil, et toujours de profil, en toutes leurs actions, comme on les voit sur les obélisques, avec des apparences de têtes d'épervier, et clopinant au milieu d'eux mon cul-de-jatte, qui devenait à la fin un gigantesque scarabée de cette belle matière *vert-de-grisée*, qui arrête le regard dans les vitrines du Musée égyptien du Louvre.

Dimanche 15 décembre. — On annonce contre Descaves des poursuites du parquet, à la sollicitation du ministre de la guerre. Mais alors bientôt sur un roman qui prendra à partie la corporation des huissiers, l'auteur sera poursuivi sur la demande du ministre de la Justice; sur un roman qui prendra à partie les attachés d'ambassade, l'auteur sera poursuivi à la demande du ministère des Affaires Étrangères; sur un roman qui prendra à partie les maîtres d'école, l'auteur sera poursuivi à la demande du ministre de l'Instruction publique, etc., et ce sera ainsi pour tout roman, mettant à nu les canailleries d'un corps, car tous les corps de l'État appartiennent à un ministère.

Lundi 16 décembre. — Diderot, lui, pendant que Voltaire et les autres sont encore à *rimailler*, et demeurent des poètes à chevilles et sans poésie, emploie uniquement la prose, comme la langue de sa pensée, de ses imaginations, de ses colères, et contribue si puissamment à sa victoire, à sa domination en ce siècle, qu'en dehors de Hugo et à peine de trois autres, la poésie n'est plus que l'amusement des petits jeunes gens de lettres à leur début, et pour ainsi dire, la perte de leur pucelage intellectuel.

Mercredi 18 décembre. — Aujourd'hui Burty, que je n'ai pas vv depuis des mois, m'apporte un catalogue qu'il vient de faire des peintures que Dumoulin a rapportées du Japon, et qui doivent être exposées, après-demain, chez Petit.

Il parle comme autrefois, et semble, par miracle, être revenu à la lucidité de l'intelligence, à la clarté de la parole ; toutefois de son individu qui porte sur son front une grande fatigue, s'échappe une profonde mélancolie.

Il n'a plus de relations avec personne, ni avec sa fille, ni avec son gendre, ni même avec les Charcot, et il paraît vouloir me faire entendre, que sa séparation date avec eux de la première de GERMINIE LACERTEUX. Enfin il ne voit plus âme au monde, mange chez lui, se couche à neuf heures, affirmant qu'il n'a pas de maîtresse.

Cet aveu est jeté dans une suite de paroles qui ont un rien d'illuminisme, paroles accompagnées de petits gestes rétrécis : « Les relations sont *fugaces*, dit-il, et trop pleines de *heurts* des tempéraments divers... On n'est rien dans la durée du temps... » et comme il n'a ni l'ambition, ni l'amour de l'argent, il ne veut plus dans la vie que les jouissances rapides et *effleurantes*, données par la contemplation des objets d'art.

Et comme je lui demande, s'il ne travaille pas à une volumineuse chose sur le Japon, il me coupe avec un : « Non, non !... une longue application m'est défendue depuis ma maladie. » Et revenant aux jouissances qu'il éprouve encore, il cite la conversation avec un être qui a l'intelligence des choses qu'il aime, et il finit en me demandant d'une voix caressante, et presque humble, de l'inviter à déjeuner.

Et malgré moi, je suis touché, et je sens qu'à travers l'abominable jalousie qu'il a eue de moi, toute sa vie, une vieille habitude, un restant tendre de notre acoquinement artistique dans le passé, enfin le plaisir de causer avec moi du Japon, triomphe de cette jalousie, et le fait, par les moments tristes de sa vie, presque aimant de ma personne.

Mardi 24 décembre. — Savez-vous, me dit un Français de retour de Russie, comment est mort Skobeleff ? — Non. — Eh bien, voilà !

Une bouteille de champagne ! une femme !
Une bouteille de champagne ! une femme !
Une bouteille de champagne ! une femme !

A la troisième bouteille de champagne suivie de la troisième femme... rasé !... une congestion cérébrale !

Mercredi 25 décembre. — Yriarte parlait ce soir, à dîner, des dessins de Tissot rapportés de Jérusalem, et qui ont produit un bouleversement chez Meissonier. C'est un espèce de Chemin de la Croix, en plus de cent cinquante pastels, exécutés de la manière la plus exacte, d'après les indications des religieux du pays, et vous donnant ainsi que des photographies, les petits sentiers d'oliviers où a dû passer le Christ, avec là dedans, des bonshommes indiqués dans les Évangiles, de telle profession, de telle localité, retrouvés dans le type général des gens de ce temps-ci de la même profession, et de la même localité, où le peintre s'est transporté. Enfin de la réalité rigoureuse, exécutée dans un état d'hallucination mystique, et à laquelle une maladresse naïve ne fait qu'ajouter un charme : de l'art qui a une certaine ressemblance avec l'art de Mantegna.

ANNÉE 1890

ANNÉE 1890

―――

Mercredi 1ᵉʳ janvier 1890. — En ce premier jour de l'année, un vieux maladif comme moi, tourne et retourne entre ses mains l'almanach nouveau, songeant que 365 jours, c'est de la vie pour un bien long temps, et interrogeant, tour à tour, chaque mois, pour qu'il lui dise par un signe, par un rien mystérieusement révélateur, si c'est le mois, où il doit mourir.

Jeudi 2 janvier. — Un dîner, où le nom de Blowitz est prononcé, et sur ce nom, quelqu'un au fait des dessous secrets du temps, raconte comment Blowitz est devenu correspondant du *Times*. Blowitz, dit-il, qui s'appelle Oppert, et qui a pris le nom de sa ville, était un pauvre diable de professeur à Marseille, tout à fait inconnu, ayant le grade de sergent-major dans la garde nationale, et qui, dans l'insurrection de Marseille, sauvait le préfet qui allait être massacré, — et tombait avec cette recommandation sur le pavé de Versailles, au moment de la rédaction du traité avec Bismarck.

Alors le correspondant du *Times*, mais le correspondant du *Times*, avec un traitement de 75 000 francs et la considération d'un ambassadeur, était lord Oliphant, ce personnage extraordinaire qui avait été une espèce de Brummel, un familier de princes, un diplomate en Chine et au Japon, un martyr portant encore aux deux poignets les stigmates de la martyrisation, le fondateur d'une religion à laquelle il avait donné toute sa fortune, un homme, pendant quelque temps, descendu à être un *brouetteur de feuilles mortes*, et redevenu dans le *Times*, l'intermédiaire entre l'Angleterre et la France, au moment où la France traversait ces années tragiques.

Il arrivait à lord Oliphant d'employer Blowitz, ayant dans le reportage une audace sans exemple, et qui dans ce moment, où toute la diplomatie européenne à l'affût de nouvelles, était à Versailles, et ne pouvait parvenir auprès de Thiers, — lui, Blowitz y pénétrait par les cuisines.

Or, dans le moment, il s'était passé ceci : un jour le *marseillanisme* de Thiers, discutant avec le comte d'Arnim, avait été tel, que le comte n'avait pu s'empêcher de lui jeter : « Mais à vous entendre parler ainsi, on dirait vraiment que vous avez gagné la bataille de Sedan ! » Sur quoi Thiers s'était mis à larmoyer, en disant que le comte se plaisait à insulter un vaincu. Et à la suite de cette séance, impossible de réunir Thiers et le comte d'Arnim : Thiers boudant le comte, et le comte, qui était un homme distingué et bien élevé, ne se souciant plus de se rencontrer avec ce cacochyme pleurard. Et c'est Oliphant qui, après des causeries avec Thiers, le remplaçait, et les 17 articles du traité — fait qu'on ignore absolument — étaient arrêtés entre le correspondant du *Times* et le comte d'Arnim.

En cette cuisine diplomatique, Oliphant se trouvait bien des petits services que lui rendait Blowitz, et le traité signé, quand Thiers pour remercier son remplaçant, lui offrait de le nommer grand-croix de la Légion d'honneur, celui-ci repoussait cet honneur, et lui demandait la nomination au consulat de Venise, du correspondant français du *Times* avant la guerre, qui, je crois, était Yriarte, — et Blowitz prenait sa place.

Vendredi 3 janvier. — C'est curieux comme le contact intime avec la cuisine d'un art, est pour un littérateur, la révélation de choses nouvelles et originales à apporter dans son métier. C'est ainsi, que ce modelage appliqué et chercheur des plans, des méplats, des saillies, des creux, pour ainsi dire, imperceptibles de mon visage, me faisait penser, que si j'avais encore des portraits physiques d'hommes ou de femmes à faire, je les ferais plus plastiquement anatomiques, plus détaillés en la construction, la structure, le mamelonnement, l'amincissement du muscle sous l'épiderme, je pousserais plus loin l'étude d'une narine, d'une paupière, d'un coin de bouche.

Mardi 7 janvier. — En ces heures de mon abandon de la porcelaine de Chine et de la poterie du Japon, c'est une griserie amoureuse des yeux devant ces fleurettes, si riantes, si spirituelles, si XVIIIe siècle français, du Saxe. Que les Allemands aient eu cette légèreté de main une fois, dans l'art, c'est bien extraordinaire, mais cette légèreté de main, ils ne l'ont eue, pourquoi? que sur la porcelaine.

Mercredi 8 janvier. — Depuis trois jours, j'avais derrière moi Blanche d'une si mauvaise humeur, et avec des tombées de bras si désespérées, qu'impatienté, je n'ai pu m'empêcher de lui jeter : « Qu'est-ce que tu as? — Rien, rien, m'ont répondu à la fois la mère et la fille. — Non, elle a quelque chose? — Eh bien, voilà! a fait la mère, il y a deux fois par semaine, à la mairie de Passy, un cours fait par les *Femmes de France* pour soigner les malades, les blessés, et la bête voudrait y aller! » Oui, c'est vraiment positif, au fond le scientifique est devenu le gout de toutes les intelligences, depuis les plus hautes jusqu'aux plus basses, et ne voilà-t-il pas une pauvre petite créature, qui au lieu de couper des romans au bas des journaux, coupe des articles de science, et a l'envie passionnée d'aller à un cours médical, comme autrefois l'une de ses pareilles avait l'envie d'aller au bal.

M. Groult vient me voir, le dessin d'un quelconque par Gavarni, sous le bras, et je lui apprends à son grand étonnement que c'est le dessin de son ami Tronquoy, costumé en patron de barque, que j'ai vu des années, dans sa chambre, et que j'ai même décrit dans mon livre sur lui. Et là-dessus comme il me parle d'un délicieux dessin qu'il vient d'acquérir, dessin représentant un vieillard au milieu d'objets d'art, prenant une prise de tabac au coin de sa cheminée, et dont il ignore le nom, je lui dis : « Ça doit être ça, » et je lui tends le premier volume des Mémoires du baron de Besenval, où il y a en tête une vignette de son portrait dans son cabinet, d'après Danloux. Et c'est ça!

Au bout d'une causerie sur l'art qui lui apporte une espèce d'enivrement, s'arrêtant au milieu de l'escalier qu'il descend, et renversé sur la rampe, en face d'un dessin de Watteau, représentant : *Le Printemps*, peint par le maître dans la salle à manger de Crozat, les yeux tout ronds, le bout du nez fébrilement dilaté, la bouche contractée comme en une dégustation gourmande, Groult au milieu de paroles en déroute, coupées par cette phrase : « Vous les verrez, Monsieur, chez moi ! » me parle d'un Constable, d'un Constable qui tue toute la peinture française de 1830, acheté 340 francs dans un Mont-de-piété à Londres, et d'autres, d'autres acquisitions... et de deux Péronneau, deux Péronneau, achetés à quatre ou cinq heures de Bordeaux... achetés dans une propriété à laquelle on n'arrivait qu'au moyen d'une mauvaise carriole... Et le marché conclu, et M. Groult se disposant à les porter dans la voiture, la femme qui venait de les lui vendre, lui disant : « Il y a encore une condition... ce sont mes aïeux... et je ne consentirai à les laisser sortir, que la nuit tombée. » Et la vendeuse promenait dans les vignes son vendeur jusqu'au crépuscule. Ne trouvez-vous pas quelque chose de joliment superstitieux, dans l'arrangement de cette femme, pour que ces portraits de famille ne puissent pas se voir sortir de chez eux ?

Ce soir, il était question d'une chasse au canard dans le Midi, en l'honneur du duc de Chartres. La barque du prince était suivie de batelets, où était la fleur des femmes de la haute société orléaniste. Adonc il arrivait, que le prince après avoir tiré, déposait le fusil qui lui avait servi sur un second fusil qui partait, et allait percer, sous la flottaison, le batelet le plus rapproché et la partie inférieure d'une dame qui était dedans. Grand émoi, et l'appel d'un chirurgien pour retirer les plombs indiscrets, et la galante société s'inscrivant pour les plombs qu'il devait retirer, et dont les futurs possesseurs avaient l'intention de faire des boutons de chemise. C'est très dix-huitième siècle, n'est-ce pas?

Le contre-amiral Layrle qui a fait autrefois une station de quatre ans au Japon, et qui vient d'y passer encore deux années, parlait du silence que gardaient les Japonais sur les événements politiques vis-à-vis des Européens, et il nous contait que le président du conseil et le ministre de la marine, avec lesquels il est lié, qu'il avait connus à son premier séjour *très petits jeunes gens, très petits bonshommes*, il ne pouvait en tirer que des monosyllabes et des exclamations sans signification, quand il les interrogeait. Et il s'émerveillait, que des gens qui avaient pris part à des actions militaires, et dont l'un passait pour un homme de guerre tout à fait distingué, il n'était pas possible de leur extirper un détail de bataille, de combat, d'épisode militaire : disant que Canrobert ou Mac-Mahon, tout en gardant la plus grande discrétion dans leurs paroles et leurs jugements, ne pouvaient se tenir de parler sur les affaires, où ils ont assisté.

Vendredi 10 janvier. — Dans cette maison maudite qui est derrière mon jardin, ce sont du jour à la nuit et de la nuit au jour, des aboiements de deux molosses qui m'énervent, et m'ont empêché des nuits entières de dormir, et si je n'avais retrouvé les volets intérieurs que j'ai fait faire pour mon frère, pendant sa maladie, je serais obligé d'aller coucher dehors. Ah! le bruit va-t-il être le tourment agaçant de mes dernières années? Oh! le bruit, le bruit, c'est la désolation de tous les nerveux dans les centres modernes! Mercredi dernier, Maupassant qui vient de louer un appartement avenue Victor-Hugo, me disait qu'il cherchait une chambre pour dormir, à cause du passage devant chez lui des omnibus et des camions.

Au dîner, où on causait littérature, et où des parleuses me jetaient ingénument : « Mais pourquoi voulez-vous faire du neuf? » Je répondais : « Parce que la littérature se renouvelle comme toutes les choses de la terre... et qu'il n'y a que les gens qui sont à la tête de ces renouvellements, qui survivent... parce que, sans vous en douter, vous n'admirez, vous-même, que les révolutionnaires de la littérature dans le passé, parce que... tenez, prenons un exemple, parce que Racine, le grand, l'illustre Racine a été chuté, sifflé par les enthousiastes de Pradon, par les souteneurs du vieux théâtre, et que ce Racine avec lequel on éreinte les auteurs dramatiques modernes, était en ce temps un révolutionnaire, tout comme quelques-uns le sont aujourd'hui. »

Jeudi 16 janvier. — Pillaut avec son dilettantisme

musical de lettré et de penseur, cause de Wagner, et dit que sa forme musicale fait penser à un monde futur, et que ses sonorités sont des sonorités qui semblent fabriquées pour les oreilles de l'humanité qui viendra après nous.

Vendredi 17 janvier. — Hier, dans mon tête-à-tête avec Daudet, sur un regard jeté sur un groupe de femmes réunies dans un coin du salon, abandonnant Stanley et l'Afrique, il s'est écrié : « Dans le mariage, n'est-ce pas, on accouple des femmes ayant dix ans de moins que les maris, qui arrivent déjà un peu usés au mariage, et le sont à peu près tout à fait, quand la femme a acquis toute sa vitalité, toute sa richesse de besoins et de désirs : c'est l'histoire d'une dizaine de ménages que je pratique. Eh bien, ça devrait être le contraire dans le mariage, pour que le mariage soit heureux, il faudrait que la femme eût dix ans plus que le mari... et à ce sujet remarquez que le bonheur tranquille de certains ménages d'hommes encore jeunes, qui ont épousé des *touffiasses* plus vieilles qu'eux, ça tient à ce qu'elles ont dépensé leur vitalité, et qu'elles se trouvent au même degré d'assouvissement et d'éteignement de la chair, que leurs maris.

Samedi 18 janvier. — Une après-midi passée devant les tableaux anglais de Groult, devant ces toiles génératrices de toute la peinture française de 1830, ces toiles qui renferment une lumière si laiteusement cristallisée, ces toiles aux jaunes transparences, semblables aux transparences des couches superposées d'une pierre de talc. Oh! Constable, le grand, le grandissime maître... Il y a parmi ces toiles, un Turner : un lac d'un bleuâtre éthéré, aux contours indéfinis, un lac lointain, sous un coup de jour électrique, tout au bout de terrains fauves. Nom de Dieu, ça vous fait mépriser l'originalité de quelques-uns de de nos peintres originaux d'aujourd'hui.

Dimanche 19 janvier. — Aujourd'hui, après de longs mois de complète disparition, apparaît Villedeuil tenant amoureusement par la main, sa petite fille, et dont la barbe devenue blanche lui donne un air patriarcal... Le voyant ainsi, mon souvenir n'a pu s'empêcher d'évoquer le Villedeuil à la barbe noire des soupers de la Maison d'Or.

A peine entré, marchant d'un bout à l'autre du *Grenier*, avec ces petits rires à la fois pouffants et étouffés qui lui sont particuliers, il s'est mis à railler spirituellement l'erreur des gens, des gens qui veulent voir dans les Rothschild et les banquiers de l'heure présente, des réactionnaires, des conservateurs à outrance, établissant très nettement que tous, y compris les Rothschild, ne détestent pas du tout la République, se trouvant en l'absence d'Empereurs et de Rois dans un pays, les vrais souverains, et rencontrant dans les ministres actuels, ainsi que les Rothschild l'ont rencontré chez un tel et un tel, par le seul fait de la vénération du capital, chez des hommes à la jeunesse besogneuse, — rencontrant des condescendances qu'ils n'ont jamais obtenues des gens faits au prestige de la pièce de cent sous.

Jeudi 23 janvier. — L'amabilité de l'académicien X..., cette amabilité à jet continu à l'égard de tous, et qui ressemble pas mal aux distributions de victuailles au peuple, dans les anciennes réjouissances publiques, faisait dire à ma voisine de table, que cette amabilité-là, elle, ça la mettait en veine de *butorderie !*

Vendredi 24 janvier. — Conversation du temps, où apparaît l'infiltration de la puissance de l'argent chez les marmots : conversation entre le petit garçon d'un comédien et la petite fille d'une comédienne.

Le petit garçon : « Si tu veux me laisser jouer avec tous tes joujoux, comme s'ils étaient à moi, tu seras ma petite femme. (Au bout de quelques instants de réflexion.) Mais tu sais, mon papa gagne beaucoup d'argent ! »

La petite fille : « Ma maman aussi ! »

Un silence.

Le petit garçon : « Oui... mais, mon papa n'en dépense pas! »

Dimanche 26 janvier. — Tissot nous contait ce soir, chez Daudet, qu'il avait été au moment d'acheter 7 000 francs, une petite montagne près de Jérusalem, et d'y bâtir un atelier, où il aurait imprimé et gravé son livre : un atelier, qui, disait-il, serait devenu un atelier d'art religieux, en même temps qu'une colonie française, faisant revivre l'influence de notre pays dans les lieux saints.

Là-dessus Tissot déplore un grand charme de Jérusalem, en train de se perdre. La ville était bâtie en pierre rose, qui la faisait paraître couleur de chair, et cette pierre est remplacée, à l'heure présente, par de la brique et de la tuile de Marseille d'une horrible couleur rouge de Saturne, rouge vilainement orangé.

Et l'on parle du costume des peuples antiques, du drapement de leurs corps dans des morceaux d'étoffes carrés, sans coupe appropriée à la forme des membres, et pour ainsi dire, sans attaches : l'apparition du bouton n'ayant eu lieu que dans des vêtements non drapés, dans les vestes des Perses et des Mèdes. A ce sujet, il raconte qu'à Port-Saïd, il a vu, caché, la toilette d'une colonie de femmes indiennes, embarquée pour je ne sais où, et dont l'adhésion des vêtements au corps, obtenue comme au moyen d'épingles, était faite absolument par l'art du drapement, et cet art de fermeture sans épingles, sans boutons, sans nœuds de cordon s'étend jusqu'aux pantalons des hommes, ces pantalons simplement drapés, que le prince Louis retrouvait encore ces temps-ci au Japon.

Un moment il est question de la personnalité du talent, et de la répulsion que cette personnalité rencontre chez les imbéciles. A ce propos Daudet raconte ceci : Belot lui parlait d'un certain dîner Dentu, dont faisaient partie, Boisgobey, Élie Berthet, etc., lui disant qu'il entendrait là des choses qui pourraient lui servir, et le poussait vivement à en faire partie. A quelque temps de là, rencontrant Belot, et le souvenir du dîner Dentu se réveillant chez lui, Belot à sa demande s'il en était, lui répondait : « Tu as été *retoqué*, on t'a trouvé un talent trop personnel ! »

Mardi 28 janvier. — Aujourd'hui, Burty vient pour ce déjeuner qu'il m'a demandé, et il arrive de bonne heure, comme à un rendez-vous désiré, et depuis longtemps attendu. Il va mieux, merveilleusement mieux, mais au fond, il a une pauvre figure ruinée, avec dessus des rougeurs et des pâleurs d'un sang bien appauvri. A ma demande, s'il travaille, il hésite d'abord, puis me dit que oui, qu'il travaille au lit, les longues heures qu'il ne dort pas, ajoutant bientôt que malheureusement, le matin, les *mots à couleur*, les *sonorités* qu'il a trouvées, — ce sont ses expressions, — c'est délavé, éteint.

La conversation va au Japon, aux impressions, aux images obscènes qu'il m'affirme ne plus venir en Europe, parce que, au moment où le pays a été ouvert aux étrangers, ils ont acheté ces images avec des moqueries et des mépris publics pour la salauderie des Japonais, et que le gouvernement a été blessé, a fait rechercher ces images, et les a fait brûler. Maintenant ces images ne seraient pas, comme on l'a cru jusqu'ici, des images à l'usage des maisons de prostitution, elles seraient destinées à faire l'éducation des sens des jeunes mariés ; et dans un volume, illustré par la fille d'Hokousaï, racontant le mariage et ses épisodes, on voit roulée près du lit des jeunes époux, une série de *makimono* qui doivent être une collection de ces images. Il y a quelques années Nieuwerkerke me parlait d'une série de tableaux érotiques, qui avaient eu pour but d'allumer, lors de son mariage, les sens du roi Louis XV, tableaux que j'avais déjà trouvés signalés dans Soulavie.

Je l'emmène voir mon buste de Lenoir, et en revenant, il remonte chez moi, et je sens qu'il a toutes les peines à s'en aller, pris d'un bonheur presque enfantin à causer avec moi. Et je dois le dire, j'éprouve un espèce de *revenez-y* d'amitié pour l'homme redevenu affectueux, comme aux premiers jours de notre liaison. Enfin il se lève avec effort de son fauteuil, et passant la porte me jette d'une voix caline : « Vous m'inviterez une autre fois encore, hein ? »

Jeudi 30 janvier. — Daudet me dit à un moment de la soirée, où je suis assis à côté de lui : « Je crois décidément avoir trouvé la formule : le livre c'est pour l'individu, le théâtre c'est pour la foule... et à la suite de cette formule, vous voyez d'ici les déductions. »

Il y avait à dîner les Lafontaine, et la voix de Victoria Lafontaine, demeurée très jeunette, restée la voix fraîchement musicale de la fillette honnête, me donne une singulière hallucination. Ne prêtant pas d'attention au sens de ses paroles, j'ai deux ou trois fois, la sensation de l'entendre rejouer HENRIETTE MARÉCHAL.

Vendredi 31 janvier. — Je m'amuse, je crois l'avoir déjà écrit, à faire une collection de menus objets d'art de la vie privée du XVIIIe siècle, et d'objets spécialement à l'usage de la femme. Parmi ceux-ci, les montres, ces petits chefs-d'œuvre de l'art industriel avec les délicates imaginations de leur riche décor, sont parmi les bibelots que j'aime le mieux.

Et les regardant aujourd'hui, et les voyant : l'une arrêtée à 6 heures et quart; une autre à 9 heures; une autre à midi et demie: ces heures m'intriguent; je me demande, si ces heures sont des heures tragiques dans la vie de celles qui les ont possédées, et si elles racontent un peu de la malheureuse histoire intime de ces femmes.

Samedi 1er février. — Une après-midi, passée avec les Daudet, chez Tissot.

A notre entrée le bruit terrestrement céleste d'un orgue-mélodium, dont joue l'artiste, et pendant qu'il vient à notre rencontre, les regards soudainement attirés par un trou illuminé, devant lequel est une aquarelle commencée; un trou fait dans l'ouverture d'une étoffe jouant la toile levée d'un théâtre d'enfant, et dans lequel se voit figurée par de petites maquettes, une scène de la Passion, éclairée par une lumière semblable aux lueurs rougeoyantes éclairant un Saint-Sépulcre, le soir du Vendredi Saint.

Puis aussitôt commence le défilé des cent vingt-cinq gouaches, dont Tissot fait le boniment à voix basse, comme on parle dans une église, avec parfois, détonnant dans sa parole religieuse, des mots d'argot parisiens, disant d'une étude de la Madeleine encore pécheresse : « Vous voyez, elle est un peu *vannée !* »

Des dessins très exacts, très rigoureux, donnant le cailloutage de ce pays de montagne, le piétinement des terrains par les troupeaux de moutons, la verdure émeraudée de l'herbe au printemps, le desséchement violacé des fonds de torrents, les silhouettes de candélabres des grands oliviers. Il y a de jolies colorations d'intérieurs aux grandes baies de verre, aux petits châssis de plomb, entre autres un intérieur d'Hérode avec sa femme. Un dessin d'un grand caractère est l'interprétation de la parole : « *Vous suivrez un homme qui porte une cruche,* » — un homme à la robe jaune, gravissant au jour tombant, la montée qui contourne le rempart, et qu'en bas du dessin, un apôtre désigne à un autre.

Il est des dessins d'apparitions dans de curieuses *gloires* fantastiques, dans des gloires qui ne pouvaient être entrevues, que par un spirite faisant de la peinture.

Mais les beaux, les touchants, les remuants dessins, ce sont les dessins du crucifiement, dessins très nombreux donnant presque, heure par heure, l'agonie du crucifié en haut du Golgotha, et les affaissements des saintes femmes, et l'étreinte amoureuse des bras de la Madeleine autour du bois de la croix.

Et à mesure que le drame se déroule, Tissot s'animant, s'exaltant, et toujours parlant avec une voix plus basse, plus profonde, plus religieusement murmurante, prête aux choses représentées, des sentiments, des idées, des exclamations qui feraient une glose curieuse à joindre aux Évangiles apocryphes.

Incontestablement cette vie de Jésus en plus de cent tableaux, cette représentation où se mêle à une habile retrouvaille de la réalité des milieux, des localités, des races, des costumes, le mysticisme du peintre, produit à la longue, par le nombre et la lente succession de ces études, un grand apitoiement, et même fait monter en vous une tristesse, au souvenir de ce juste, une tristesse attendrie qu'aucun livre ne vous apporte.

Nous montons, un moment, dans le haut de l'atelier, joliment arrangé dans le goût anglais. Et dans le crépuscule, avec une voix qui se fait tout à fait mystérieuse, et des yeux vagues, il nous montre une boule en cristal de roche, et un plateau d'émail qui servent à des évocations, et où l'on entend, assure-t-il, des voix qui se disputent. Puis il tire d'une commode, des cahiers, où il nous montre de nombreuses pages contenant l'historique de ces évocations, et nous montre enfin un tableau, représentant une femme aux mains lumineuses, qu'il dit être venue l'embrasser, et dont il a senti sur sa joue, ses lèvres, des lèvres pareilles à des lèvres de feu.

Lundi 3 février. — Ce soir, une jeune fille confessait sa répulsion et son dégoût pour les danseurs et les valseurs sentant la flanelle échauffée : flanelle que tous les jeunes gens ont pris l'habitude de porter en faisant leur service militaire.

Jeudi 6 février. — Ce matin, dans ma toilette du matin, tombe Réjane toute tourbillonnante dans une pelisse rose. Quelle vitalité! quelle alacrité, il y a chez cette femme! Je lui ai écrit à propos de la pièce de MONSIEUR BETSY, de Paul Alexis, qu'elle se refuse à jouer, et au sujet d'une très jolie étude de sa personne, commencée par Tissot, et qu'il va remonter au grenier, si elle ne revient pas poser. C'est une parole blagueuse, coupée de rires gamins, et de remuements qui ne peuvent tenir en place sur sa chaise. Et elle me dit qu'elle trouve bonne la pièce d'Alexis, mais son rôle détestable, puis qu'il est question de jouer une seconde pièce de Meilhac après LE DÉCORÉ, qu'elle est une nature franche, une femme de parole, qu'elle ne veut pas répéter une pièce, qu'après cinq ou six représentations, on arrêtera, laissant les auteurs le *bec dans l'eau*. Elle me parle ensuite de reprendre GERMINIE LACERTEUX, et peut-être de la jouer en Angleterre, où elle me dit qu'elle a un public à elle.

Descendant l'escalier : « Vous ne savez pas... figurez-vous qu'en venant chez vous j'ai rencontré un auteur... Connaissez-vous Grenet-Dancourt?... C'est lui... il m'a parlé d'une pièce pour moi... il l'avait sur lui... je l'ai fait monter dans ma voiture... Bref, il m'a lu son premier acte en chemin... il y a bien eu à travers la lecture, quelques cahots... Tenez, le voilà qui m'attend pour me lire le second acte, en me reconduisant aux Variétés. » Et elle disparaît en pouffant de rire.

Dimanche 9 février. — Aujourd'hui, j'ai donné à Ajalbert l'idée de faire une pièce de la FILLE ÉLISA, dans ces conditions. Pas la plus petite scène de la maison de prostitution. Un premier acte, qui est tout bonnement dans le cimetière abandonné du Bois de Boulogne, l'assassinat du lignard par la fille. Et le lignard doit être un Dumanet ingénu et mystique, pour la composition duquel, je lui recommande de se remettre sous les yeux le jeu et la physionomie de l'acteur Burguet, dans la LUTTE POUR LA VIE.

Le second acte, le clou de la pièce, et dont la connaissance qu'il a du Palais, m'a fait adresser à lui, Ajalbert, à la fois un littérateur et un avocat, commence au moment, où le Président dit : « Maître un tel, vous avez la parole... » C'est donc dans une plaidoirie et une défense d'accusée, qu'est toute l'exposition de la vie de la femme — et ceci est pour moi une trouvaille originale — puis la condamnation à mort, comme elle l'est à peu près dans mon livre.

Le troisième acte est à chercher dans la prison pénitentiaire, mais sans la mort. Je le verrais volontiers avec cette fin. La femme montée sur un tabouret, et atteignant le paquet des vêtements de sa vie libre, et lisant les deux dates de son entrée et de sa sortie, de sa sortie qu'elle sent être dans un lointain, où elle n'existera plus.

Jeudi 20 février. — Mme Gréville me contait, ce soir, que c'était elle, qui habitant avec son père, le rez-de-chaussée de la maison de Gavarni, au Point-du-Jour, avait relevé le petit Jean Gavarni, qui était tombé, en se heurtant à une grosse pierre d'un ancien seuil de la maison, demeurée dans une allée. Elle avait été assez heureuse pour arrêter son saignement de nez, mais Mlle Aimée qui était très jalouse d'elle, lui avait repris l'enfant d'entre les mains, n'avait pas su arrêter le saignement de nez, quand il était revenu, et le pauvre enfant était mort d'anémie, à la suite de la perte de tout son sang.

Samedi 22 février. — Ah! c'est un miracle que des pièces (LES FRÈRES ZEMGANNO) si peu jouées dans le décor, si peu réglées, si peu sues, puissent être représentées, même à la diable, à deux jours de là.

En sortant de la répétition, j'emmène Paul Alexis et Oscar Métenier dîner chez Maire. Là, entre la poire et le fromage, Métenier me résume au dessert, les quatre *toilettes de condamnés à mort*, auxquelles il a assisté comme chien du commissaire de police.

Il décrit très bien le sentiment angoisseux, qu'on éprouve au moment de l'entrée dans la cellule, et le mouvement qui vous fait instinctivement porter la main à votre chapeau et vous découvrir, absolument comme devant un corbillard qui passe, et il ajoute que lui qui était toujours en jaquette, ce jour-là, sans qu'il s'en rendît compte, revêtait une redingote.

Il faut dire que cette entrée, est précédée d'un petit quart d'heure, qui met une grande émotion chez les assistants à l'exécution. L'exécution en principe devrait être faite à midi : on triche, mais on veut que si ce n'est pas en plein jour, ce soit au moins au petit jour. Et voici ce qui se passe. L'heure de l'exécution fixée à ce moment, le directeur de la Roquette dit aux six personnes, aux six assistants de fondation à l'exécution, dit en montrant du doigt, la grande horloge de la cour : « Messieurs, l'exécution est pour 4 heures et demie, il est 4 heures 10 minutes, la toilette est l'affaire de 12 minutes, nous entrerons à 4 heures 18 minutes. Et aussitôt les conversations cessent, l'échange des idées s'arrête, et chacun redevenu silencieux, les yeux sur l'horloge, n'a plus d'attention que pour la marche invisible de l'aiguille sur le cadran, et son troublant rapprochement de la dix-huitième minute.

Il est aussi un effet terrible pour les assistants, c'est que le petit jour levé dehors, n'éclaire point encore l'intérieur de la prison, et quand on marche dans ces demi-ténèbres derrière le condamné, et qu'au moment, où s'il avait les mains libres, il pourrait toucher la porte, les battants s'ouvrent dans un coup de théâtre, et vous laissent voir soudainement, dans la clarté froide du matin, les deux montants de la guillotine, et les yeux grands ouverts de toutes ces têtes de regardeurs, le spectacle a quelque chose d'inexprimable.

Mardi 25 février. — Arrivé de bonne heure aux Menus-Plaisirs, j'assiste à la pose du premier décor, où machinistes et pompiers mêlés, s'amusent à faire du trapèze, et à soulever les haltères des FRÈRES ZEMGANNO.

Un premier acte, où l'on n'entend pas un mot, dans l'ouverture des portes, le remuement des petits bancs, le passage des abonnés, — tous des cabotins, — venant à la façon des dîneurs qui veulent être remarqués, venant en retard.

Un second acte très, très applaudi.

Un troisième plus froid, mais encore très applaudi avec de chaleureux rappels des acteurs.

Moi qui suis resté dans ma baignoire, sans me mêler à la salle, je crois à un succès. Arrivé dans les coulisses, je vois Méténier plus blême qu'à l'ordinaire, et Paul Alexis, affalé sur une rampe d'escalier, l'oreille tendue à la parole de sa femme, qui lui conte qu'un de ses confrères a passé la soirée à crier, que c'est un *four*. Enfin mes compliments à Antoine, et mes plaintes sur ce que je ne l'ai pas trouvé assez applaudi au troisième acte, sont reçus par un : « Ça ne nous regarde pas, nous faisons notre petite affaire, voilà tout ! »

Mercredi 26 février. — Un éreintement général de toute la presse. Vitu déclare que c'est une fumisterie... Revenons à la pièce que je trouve aussi bien faite, que j'aurais pu la faire moi-même. Et dire que ce sentiment fraternel qui la remplit, présenté d'une manière si délicate, si émotionnante, dire que ce moyen d'action sur les cœurs, cette chose absolument neuve au théâtre, et remplaçant le bête d'amour de toutes les pièces, aucun critique n'en a signalé l'originalité.

Jeudi 27 février. — Comme je parlais hier à Detaille, du récit des toilettes de condamnés à mort, que m'avait fait l'autre jour Métenier, il me disait avoir assisté à deux exécutions, et voici quelles avaient été ses observations. Le condamné, apparaissant au seuil de la porte de la Roquette, comme une figure de cire, avec son apparence de vie figée, et dans le silence qu'il appelait formidable, toujours un oiseau qui chante, et dont le chant est dans ce silence, comme le bourdon de Notre-Dame, et au loin, au loin, l'entre-claquement imperceptible de branches d'arbres.

Vendredi 28 février. — Dans la non-concordance de la critique théâtrale avec le sentiment sincère du vrai public, il me venait l'idée, si je tentais encore une fois une grande bataille au théâtre, de faire afficher au-dessous du titre de la pièce, avec l'indication qu'elle est jouée tous les soirs, des affiches couvrant les murs de Paris, et ainsi conçues :

« Je m'adresse à l'indépendance du public et lui demande, s'il trouve que c'est justice, de venir casser comme il l'a fait pour GERMINIE LACERTEUX, le jugement porté dans les journaux par la critique théâtrale.

« EDMOND DE GONCOURT. »

Lundi 3 mars. — Je suis, ce soir, à la première de MONSIEUR BETZY. La pièce marche très bien. Elle a tout ce qu'il faut pour cela. Elle est très amusante, et admirablement jouée. Mais il y a contre les auteurs les mauvaises dispositions de la presse théâtrale, et j'entends au milieu d'applaudissements frénétiques, un jugeur *chic* s'écrier : « Ça ne peut pas avoir de succès ! — Pourquoi ? » Une cravate blanche entre deux âges, faisant bassement sa cour à Vitu, lui dit, pendant qu'on sort pour l'entr'acte, parlant de la pièce : « C'est un monsieur qui marche contre un mur, et qui met le pied dans tout ce qu'il trouve ! » Oh! les propos de corridors, la belle collection de haineuses imbécillités qu'il y aurait à ramasser.

Mercredi 5 mars. — Descaves, accompagné de sa femme, vient me voir aujourd'hui. Il craint que les choses soient en train de mal tourner pour lui. Il lui est revenu, que le parquet n'étant pas sûr d'obtenir une condamnation sur les attaques à l'armée, va faire porter tout son effort sur l'outrage aux bonnes mœurs. Et un de ses avocats lui demandant combien il comptait avoir de prison, et comme il lui répondait : « Trois mois, » l'avocat lui disait : « Triplez au moins, vous aurez un an ! » Et il est à la fois triste et irrité, déclarant que l'injustice l'exaspère, et qu'il n'y a aucune raison pour le condamner, quand on ne poursuit ni un tel, ni un tel.

Mercredi 12 mars. — « Qu'est-ce que vous faites dans ce moment-ci ? » dis-je à l'auteur de la BÊTE HUMAINE, qui vient s'asseoir dans la soirée, à côté de moi.

— « Mais rien... je ne puis pas décidément m'y mettre... Puis l'Argent, c'est tellement vaste, que je ne sais par quel bout le prendre... et les documents de ce livre, pour les trouver, pour savoir où il faut frapper, je suis embarrassé plus que jamais je ne l'ai été... Ah! je voudrais en avoir fini de ces trois derniers livres... Après l'Argent, oui, viendra la Guerre, mais ce ne sera pas un roman, ce sera la promenade d'un monsieur à travers le Siège et la Commune... Au fond le livre qui me parle, qui a un charme pour moi, c'est le dernier, où je mettrai en scène un savant... Ce savant, je serais assez tenté de le faire d'après Claude Bernard, avec la communication de ses papiers, de ses lettres... Ce sera amusant... je ferai un savant marié avec une femme rétrograde, bigote, qui détruira ses travaux, à mesure qu'il travaille.

— Et après, que ferez-vous?

— Après, il serait plus sage de ne plus faire de livres... de s'en aller de la littérature... de passer à une autre vie, en regardant l'autre comme finie...

— Mais l'on n'a jamais ce courage.

— C'est bien possible! »

Vendredi 14 mars. — Un gouvernement, auquel il y aurait à demander un peu plus d'honnêtes gens dans le ministère et un peu plus de police dans la rue : c'est le gouvernement d'aujourd'hui.

Boisgobey, me parlant du gâtisme d'un de nos confrères, le comparait à un ver de latrine particulier à l'Afrique, et dont sa maîtresse, dans ce pays, ne pouvait prononcer le nom arabe, sans cracher à terre.

Samedi 15 mars. — Ce soir, une dépêche de Descaves, où il y a ce seul mot : *Acquitté.*

Dimanche 16 mars. — On est aujourd'hui, chez moi, tout à la joie et à la surprise de l'acquittement de Descaves, car le jury était presque uniquement composé de vieilles barbes grises, de gens qui avaient été militaires, du temps qu'on se rachetait; heureusement que le ministère public a été au-dessous de tout, et Tézenas très habile... Le pauvre Geffroy était des applaudisseurs qui auraient pu avoir deux ans de prison.

Ah! les professions libérales! Descaves nous disait avoir été acquitté par onze voix, des voix de quincailliers, de charcutiers, etc., mais il y avait dans le jury un sculpteur, et le sculpteur a été pour la condamnation.

Dimanche 23 mars. — Ce jeune souverain allemand, ce névrosé mystique, ce passionné des drames *religioso-guerriers* de Wagner, cet endosseur en rêve de la blanche armure de Parsifal, avec ses nuits sans sommeil, son activité maladive, la fièvre de son cerveau, m'apparaît comme un souverain bien inquiétant dans l'avenir.

Lundi 24 mars. — Au fond, les financiers ne sont que des voleurs, mais des voleurs qui ont acheté près du gouvernement le droit de voler.

Vendredi 28 mars. — Dîner des *Spartiates*. On parle des usuriers, qui sont pour la plupart des valets de chambre de grandes maisons, et un joueur de la société affirme qu'il n'y en a plus, que lui et ses amis les ont ruinés, et qu'à l'heure qu'il est, un homme qui fait dans la nuit une perte au jeu de dix mille francs, ne peut pas trouver à se les faire prêter. Et c'est pour lui, l'occasion de parler de la partie du Cercle impérial, du temps où on pouvait dire qu'une chaise, pendant une heure, coûtait trente mille francs. Puis on cause de l'insurrection probable, que soulèvera en Algérie le droit de suffrage, donné par Crémieux aux israélites de là-bas, et l'Afrique amène le comte Borelli à nous entretenir de la Légion étrangère.

Il est intéressant sur l'anonymat des enrôlés de cette légion, dont la patrie, le nom, les antécédents sont indécis, vagues, et laissés volontairement vagues. Il peint l'enrôlement, où on demande à l'enrôlé d'où il est, et où on écrit son lieu de naissance, sans y croire, où on lui demande son nom, et où il donne dix fois sur cent, le nom de Weber ou de Meyer, et où on lui dit : « Non, il y en a trop, tu t'appelleras Martin ou Lafeuille » : enrôlement où l'on n'écoute pas ce que l'enrôlé raconte de sa vie antérieure.

Pauvres diables au passé louche, qui font marché avec la dure existence, la *ficelle*, la mort, mercenaires aux grands yeux bleus, qui n'ayant plus d'intérêt dans l'existence, se prennent de tendresse comme pour une maîtresse, se prennent de tendresse pour leur élégant capitaine, caracolant sur son petit cheval, une rose à la bouche.

Samedi 5 avril. — Dîner chez Hennique. Un petit intérieur gentiment arrangé, avec de la japonaiserie amusante, et où sont accrochées aux murs quelques esquisses de Chéret, de Forain. Une jolie petite fille, et une charmante belle-sœur, qui a la voix et le rire de sa sœur à s'y méprendre.

Jeudi 10 avril. — Autrefois il y avait un effort chez les pastellistes pour représenter le charme, l'esprit, le sourire d'une figure de femme ; à présent on dirait que nos pastellistes en faveur, avec leurs roses d'engelures et leurs violets plombés, ne veulent exprimer que l'éreintement, l'ahurissement, le barbouillage de cœur, enfin tous les malaises physiques et moraux d'une physionomie de femme.

Mercredi 16 avril. — Hier, j'ai été prié de présider le banquet, donné à Chéret par ses sympathiques, à l'occasion de sa décoration. Ils sont vraiment des enfants gâtés ces peintres, ces sculpteurs. Pour boire à la gloire du décoré, il y avait cent vingt littérateurs presque illustres. Et j'ai fait mon premier discours qui n'a pas été long :

« Je bois au premier peintre du mur parisien, à l'inventeur de l'art dans l'affiche. »

L'homme, il faut le dire, est tout à fait charmant. Il a dans l'amabilité, une espèce de bonne amitié calme, tout à fait séduisante.

Jeudi 17 avril. — Sans un constant feuilletage des impressions japonaises, on ne peut vraiment se faire à l'idée, que dans ce pays d'art naturiste, le portrait n'existe pas, et que jamais la ressemblance de la figure n'est reproduite dans sa vérité, et qu'à moins d'être comique ou théâtralement dramatique, la représentation d'un visage d'homme ou de femme est toujours hiératisée, et faite de ces deux petites fentes pour les yeux, de ce trait aquilin pour le nez, de ces deux espèces de pétales de fleurs pour la bouche.

Vendredi 18 avril. — En ce temps tout pratique, un groupe de Français intelligents devrait afficher ce programme aux prochaines élections : « Nous nous foutons de la Légitimité, de l'Orléanisme, de l'Impérialisme, de la République opportuniste, radicale, socialiste ; — ce que nous demandons, c'est un gouvernement de n'importe quelle couleur au rabais : le gouvernement qui s'engagerait dans une soumission cachetée, à gouverner la France au plus bas prix. »

Dimanche 20 avril. — Montegut, le peintre passionné de musique, est allé, avec une bande de *dilettantes*, exécuter du Wagner dans la forêt de Fontainebleau, la nuit, sur des partitions éclairées par des bougies, tenues par les jeunes et jolies filles de Risler, et c'est un plaisir de l'entendre parler du *velours* de la musique, en plein air, sous des sapins.

Mercredi 23 avril. — Ce matin, mon marchand de

vin parlant de la qualité inférieure des vins de cette année, m'affirme qu'indépendamment de toutes les maladies spéciales, particulières à la vigne en ce siècle, la vigne non malade, qu'elle soit ancienne ou replantée, est attaquée d'anémie, ainsi que toute la végétation. La terre de notre vieux globe, serait décidément fatiguée, usée, brûlée.

Défiez-vous de vos yeux, quand ils sont artistes. Ils commencent par avoir la religion d'un ton, par exemple *feuille de rose dans du lait* (Boucher); *peau de lièvre* (Chardin); *lie de vin* (Delacroix). Puis, c'est la religion encore plus bêtement fanatique d'une coloration *sang de bœuf* ou *foie de mulet*, dans une poterie, et l'on arrive à aimer cela, mieux qu'une forte pensée, qu'une belle phrase.

Dimanche 27 février. — Aujourd'hui Rodenbach parle ingénieusement de la page imprimée du livre, qui, avec les combinaisons des interlignes, des à la ligne, des capitales, des italiques, etc., etc., est arrivée à l'arrangement artistique et, comme il le dit, à l'*orchestration* de l'affiche.

La manifestation du premier mai fait causer du mouvement nihilo-socialiste actuel, où il n'y a aucun plan de reconstitution d'une nouvelle société, mais où il n'y a que la volonté de faire table rase de la vieille, et laisser la nouvelle se faire toute seule. A ce propos quelqu'un cite la phrase que j'ai écrite dans Idées et Sensations, sur le remplacement, comme agents de destruction dans les sociétés modernes, des Barbares par les ouvriers.

A dîner, Léon Daudet qui vient de quitter Drumont, nous dit qu'il se croit empoisonné par les juifs, et que depuis trois jours, où il a bu un verre d'eau dans une réunion électorale, il a été pris de vomissements et que le marquis de Morès est dans le même cas que lui.

Mercredi 30 avril. — On ne croit pas qu'il y aura quelque chose demain, mais il faut toujours tenir compte de l'imprévu… Ce qu'il y a de positif, c'est que le commissaire de police est venu prévenir la princesse de ne pas sortir.

Dans la rue deux blagueurs dont l'un dit à l'autre : « Tu sais, tous ceux qu'on ramassera demain… on leur coupera le prépuce… et on les relâchera ! »

Jeudi 1er mai. — Une journée, où dans le silence plus grand que celui des autres jours, on tend l'oreille à des bruits de fusillade… on n'entend rien… alors la pensée va à Vienne, à Berlin, à Saint-Pétersbourg, à toutes les capitales de l'Europe, où se fait la promenade hostile à la pièce de cent sous.

Du bateau que j'ai pris pour aller à Paris, je vois

battre outrageusement, par des sergents de ville, de pauvres diables d'inoffensifs, et leurs chapeaux voler du quai sur la berge de la Seine.

Rien, passé la Place de la Concorde, rien à l'Hôtel de Ville, seulement rue de Rivoli, des figures de révolution que chargent, de temps en temps, les sergents de ville, les poursuivant dans les petites rues autour des Halles.

Au fond, une grande déception devant le néant de la manifestation et la placidité des battus.

Samedi 3 mai. — Je ne connais rien de bête, comme ces reconstitutions d'un monument historique dans un lieu autre, que celui où il a été élevé jadis, et cette Tour du Temple, refaite au bas de Passy, pour la grande Exposition de l'année dernière, jette un complet désarroi dans ma cervelle d'historien de la Révolution, quand un peu somnolent, je l'aperçois à travers la buée de la vitre du fiacre qui me ramène, le soir, chez moi.

Dimanche 4 mai. — Daudet dit aujourd'hui très justement que la littérature, après avoir subi l'influence de la peinture pendant ces dernières années, est aujourd'hui en train de subir l'influence de la musique, et de devenir cette chose à la fois sonore et vague, et non articulée qu'est la musique. Et Heredia qui est là, parlant des poètes de la dernière heure, établit que leurs poésies ne sont que des modulations, sans un sens bien déterminé, et qu'eux-mêmes baptisent du mot de *monstres*, leurs vers à l'état d'ébauche et de premier jet, et où les trous sont bouchés avant la reprise et le parfait achèvement du travail, par des mots sans signification.

Lundi 5 mai. — Un interne d'hôpital disait, que la plus grande partie des femmes du faubourg Saint-Germain étaient des alcoolisées, non par leur fait, mais par le fait de leurs ascendants, et que Potain leur ordonnait de la chicorée : ordonnance dont elles ne comprenaient pas la raison, mais qui avait pour but de leur faire boire de l'eau, beaucoup d'eau.

Jeudi 8 mai. — Un jeune médecin parlait, ce soir, du mal, mal dont on ne se doute pas, que faisaient les corps comme l'Académie, comme l'Institut, ces aristocraties qui, Dieu merci, n'existent pas en Allemagne.

Il disait à propos de l'Institut, où la médecine n'est guère représentée que par Charcot ou par Bouchard, qu'aucun professeur, devant la vague promesse de l'un ou de l'autre, de l'aider à entrer à l'Institut, n'avait le courage, dans les examens, de préférer un élève à lui, à un élève de Charcot ou de Bouchard. Et il énumérait toutes les bassesses, que chacun était prêt à commettre, pour attraper cette timbale, avec des exemples à l'appui inimaginables.

Vendredi 9 mai. — Plus j'existe, plus j'acquiers la certitude que les hommes nerveux sont autrement délicats, autrement sensitifs, autrement frissonnants, au contact des choses et des êtres de qualité inférieure, que les femmes qui au fond n'ont que la pose de la délicatesse.

Dimanche 11 mai. — Un numéro de journal des modes de ce temps-ci, éditait un costume de femme chic, un costume qui n'a plus rien de féminin, où la robe est un carrick de cocher de *coucou*, où la femme n'a plus l'air d'être habillée du flottement d'une étoffe autour d'elle, mais de la tombée droite d'un gros drap anglais : un costume qui fait ressembler une femme à un jeune mâle d'écurie.

Mardi 13 mai. — Je parlais à une femme de la

société, de la correction de la mise, de la simplicité élégante de la toilette des grandes cocotes... « Oui, oui, me répondait-elle, il y a du vrai dans ce que vous dites... Tenez, moi, quand je me suis mariée, je connaissais très peu, même par les livres, le monde interlope... Eh bien, quand mon mari me menait au théâtre, — nous prenions en général des places de balcon, — bientôt je le voyais jeter un regard sur ces femmes dans les loges... Et comme j'ai toujours eu le sentiment de l'élégance, ces femmes je les trouvais mieux mises que moi... Car vous savez, il n y a pas seulement la question d'argent, il y a une éducation pour la toilette... et en me comparant à elles je me trouvais une petite provinciale... Puis le regard de mon mari, après être resté là, un certain temps, revenait des loges à moi, un rien méprisant, et avec quelque chose de grognon sur la figure... et ça se passait en général aux pièces de Dumas, qui étaient la glorification de ces femmes... Alors aux parties dramatiques de la pièce... je pleurais... je m'en donnais de pleurer... si bien que mon mari, qui après le spectacle, aimait à entrer chez Riche ou chez Tortoni, me jetait de très mauvaise humeur : « Avec des yeux comme vous en avez, c'est vraiment pas possible de s'asseoir dans un café. »

Mercredi 14 mai. — Me voici au vernissage, où je n'ai pu refuser le déjeuner immangeable, auquel se condamnent, tous les ans, les peintres, par leur domesticité d'esprit pour les choses chic.

Thaulow, le pastelliste danois, le peintre de l'eau à la suite de la fonte des neiges, de l'eau qui est comme de la décomposition d'un prisme lunaire.

La femme du vernissage par son air de toqué, par sa tenue excentrique, par le *coup de pistolet* de sa toilette une créature tout à fait inclassable, et si énigmatique, qu'on ne sait pas si elle est honnête ou malhonnête, si elle est Parisienne ou étrangère.

Vendredi 16 mai. — Dîner des Spartiates. Philippe Gille, à propos du tombeau qu'on va élever à Métra, au compositeur de valses, parle de l'homme, du pochard, du récidiviste de la boisson, qui avait pris une telle habitude d'être ramassé, et de coucher dans un certain poste, près de Clignancourt, qu'il avait demandé qu'on changeât le papier, parce qu'il prétendait que le vert de ce papier l'empoisonnait.

Et de ce pochard, il saute à cet autre pochard de Callias, qu'il dit lui avoir fourni les plus charmants *échos* sur les pochards, de même qu'un cocu lui a fourni les plus instructifs échos sur le cocuage. Callias, il nous le montre sale, dégoûtant, comme si on l'avait ramassé dans le ruisseau, ivre à tomber, et cependant se tenant par la force de la volonté, en équilibre sur le bord du trottoir, sans jamais dévaler sur la chaussée, et toujours occupé à attacher à sa boutonnière une fleur fanée, un brin de verdure, un légume ramassé dans les ordures.

Et il nous conte cette anecdote typique. Gille est un simple fumeur de cigarettes, un jour qu'il s'était laissé aller à fumer un gros cigare, il rencontre Callias boulevard de Clichy, et comme Callias lui demande comment ça va : « Ma foi, lui répond Gille, avec un commencement de mal de cœur ! — Ah ! venez vite, je connais justement un bon endroit derrière le cirque Fernando ! »

Et vraiment Gille est un charmant conteur de ces épisodes parisiens, par la bonhomie du *racontar*, les sous-entendus, les phrases inachevées, complétées par de petits rires gouailleurs, et les interrogations comiques, les : « Vous comprenez bien ! » de son bout de nez et de son œil rond.

Et l'on faisait la remarque, qu'à l'heure présente, il pouvait y avoir encore des ivrognes, mais pas excentriques comme ceux-là : conversation pendant laquelle, on entend la voix de Drumont répéter à de longs intervalles : « Oui, oui, des marguilliers de paroisses qui sont pour les Rothschild ! »

Lundi 19 mai. — Ce soir, le docteur Martin soutenait que la division du travail avait détruit l'ambition du bien faire, et à l'appui de sa thèse, la maîtresse de maison disait : « Comment voulez-vous qu'il existe l'amour-propre d'une robe chez un couturier ou une couturière, où les manches, le corsage, la jupe sont faits par trois ouvrières différentes ? Et l'on faisait la remarque que cette division du travail était peut-être bonne, utile, chez un peuple où l'ouvrier n'est pas artiste, comme en Allemagne, mais que cette division tue l'ouvrage bien fait chez un peuple artiste comme dans notre pays.

Puis il était question du fameux corset de soie noire, que fait porter Bourget à sa femme *chic*, et qu'elle n'a jamais porté, et l'on parlait d'un corset idéal, d'un corset coûtant 80 francs, et durant huit jours, d'un corset fabriqué de deux morceaux de batiste, avec des baleines de la grosseur des arêtes du hareng.

Mardi 20 mai. — Je pense à l'injustice du sort heureux ou malheureux des chevaux, des chiens, des chats, et je trouve que c'est la même chose chez les bêtes que chez les hommes.

Dimanche 25 mai. — Visite de Margueritte de retour d'Alger, qui me parle de son état nerveux, asthmatique, et de la difficulté de son travail dans cet état maladif.

Puis il se plaint que l'Afrique ne donne rien pour le roman, mais seulement un paysage ou une silhouette de bonhomme, pour une étude à la Fromentin.

Lundi 26 mai. — Jeune fille disant à propos d'un prétendant, atteint d'une légère calvitie : « Il est bien, mais il manque de mouron sur sa cage ! » Renée Mauperin, on le voit, a fait son chemin chez les jeunes filles du monde.

Mercredi 28 mai. — Une lettre d'Alidor Delzant, m'annonce que Burty est mourant chez lui.

Lundi 2 juin. — Gavarret, le mari de la sœur de Saint-Victor, un sourd qui n'entend pas ce que vous lui dites, mais un anecdotier à la mémoire toute fraîche et abondamment remplie, qu'il faut laisser parler, sans l'interrompre. Et vraiment il est très intéressant cet octogénaire spectral, par la verve méridionale de ses récits, dans le bruit un peu nerveux du tapement continu d'un doigt sur l'étui vide de ses lunettes, et, de temps en temps, en le graillonnement d'un épais crachat qu'il envoie sur le tapis.

Il nous entretient de Royer-Collard, l'ex-secrétaire de la Commune, de ses relations avec Danton, de la phrase de ce dernier : « Tu sais, tu es hors la loi, mais il y a une maison, où je t'offre l'hospitalité, et où tu seras en sûreté : c'est le Ministère de la Justice! »

Royer-Collard préféra se retirer dans sa maison de famille, une façon de ferme près de Vitry-le-François, exploitée par sa mère, et là il passa tout le temps de la Terreur. Sa mère, une janséniste, était tellement respectée, que pendant la Terreur, tous les dimanches, elle faisait ouvrir la grande pièce de réception de la maison, où il y avait un christ accroché au mur, et un livre de messe à la main, elle lisait tout haut la messe aux paysans agenouillés. Vingt fois Royer-Collard fut décrété de prise de corps, et toutes les fois, elle fut avertie de l'arrestation qui devait se faire de son fils.

Gavarret parle d'un discours sur Voltaire, que devait prononcer Royer-Collard à l'Académie, et que lui seul et M. de Barante ont entendu : Royer-Collard étant souffrant et ne pouvant se rendre à l'Académie. On saura que ses discours à la Chambre, Royer-Collard les lisait tout écrits d'avance, mais pour ses discours à l'Académie, il jetait sur une feuille de papier quelques notes, et improvisait dessus une causerie plutôt qu'un discours. Il dit donc à Gavarret : « Donnez-moi la feuille de papier qui est dans ce tiroir? » et pour ses deux auditeurs il parla son discours à l'Académie, finissant par dire qu'il comprenait qu'on commandât une étude sur Voltaire, mais qu'un éloge dudit, dans un pays, où la majorité est si immensément catholique, ça lui paraissait manquer un peu de tact. Puis tout en célébrant les qualités de l'écrivain, il lui reprochait de manquer de grandeur.

Et comme, le discours fini, de Barante lui demandait d'en transmettre la teneur à l'Académie, après qu'il était sorti, se tournant vers Gavarret, il jetait sur la note la plus hautainement méprisante : « Ne croit-il pas, celui-là, qu'il est permis à tout le monde de tout dire ! »

Decazes était aux petits soins pour lui, faisait couper les branches des arbres du jardin du Luxembourg qui donnaient de l'ombre à sa chambre, à son cabinet de travail, et lui rendant souvent visite, l'amusait des *potins* de la politique. Un jour qu'il s'était rencontré avec Gavarret, et qu'il s'était montré très causant, très charmant, quand il fut sorti, après un long silence, Royer-Collard s'écriait : « Un homme fatal cependant, l'homme qui sort d'ici, le premier ministre qui a acheté un député français à beaux deniers comptants ! »

Ce froid doctrinaire, ce diseur de mots féroces, ce *dur à cuire* semblant fermé à toute tendresse, aurait été pris sur ses quatre-vingts ans, d'une sorte de passion amoureuse pour la duchesse de Dino, à laquelle il écrivait tous les jours; passion dont la duchesse aurait chauffé l'innocente flamme, flattée de la grande importance politique de l'amoureux.

Mercredi 4 juin. — Lavisse répétait devant moi, ce soir, une phrase à peu près dite ainsi par Bismarck à quelqu'un de sa connaissance : « J'ai cru que j'en étais arrivé à l'âge, où l'existence de gentilhomme campagnard remplit notre vie... Non, non, je m'aperçois que j'ai encore des idées, que je voudrais émettre... je ne ferai pas d'opposition... seulement si on m'attaque, je me défendrai... parce que lorsque l'on me bat, il me faut battre ceux qui me battent... ou sans ça, je ne peux pas dormir, et j'ai besoin de dormir. »

Jeudi 5 juin. — Déjeuner chez le père La Thuile qu'a choisi Antoine, pour la lecture de la Fille Élisa, pièce faite entièrement par Ajalbert, d'après mon roman. Ah! quel vieux cabaret, avec ses garçons fossiles, et ses déjeuneurs qui ont l'air des comparses des repas de théâtre. Ah! c'est bien le cabaret figurant dans la gravure de l'attaque de la barrière Clichy, en 1814, et qu'on voit encadrée dans le vestibule.

Après la lecture de la pièce, Ajalbert m'entraîne chez Carrière qui habite tout près, à la *villa des Arts*. Une composition très originale, la grande toile esquissée pour Gallimard, et représentant le paradis du théâtre de Belleville : cette grande toile faisant le fond de l'atelier, et où les personnages s'arrangent admirablement dans le croisement des courbes hémicyclaires de la salle.

Mais ce qu'il est vraiment ce Carrière, il est le peintre de l'Allaitement. Et c'est vraiment curieux de l'étudier en sa tendre spécialité, dans quelques toiles qu'il n'a pas encore vendues, et dans un nombre immense de dessins qu'il dit être la représentation de *gestes intimes*, et qui sont d'admirables études de mains enveloppantes de mères, et de têtes de *téteurs*, où dans ces visages vaguement mamelonnés, il n'y a que les méplats du bout du nez, des lèvres, et la valeur de la prunelle, et où, sans apparence de linéature, c'est le dessin photographique du momaque, et la configuration cabossée de son crâne.

Samedi 7 juin. — C'est particulier, comme la mort fait le ressouvenir pardonnant à l'égard des gens qu'on enterre. Malgré tout ce que je me rappelle de pas gentil à mon égard, j'ai passé une partie de la nuit à penser affectueusement à Burty.

C'est maintenant abominable ce cimetière Montmartre, avec sa route au tablier de fer sur les têtes. Ce n'est plus un cimetière. On se serait cru dans une gare de chemin de fer, où un roulement des trains, éteignait toutes les cinq minutes, la célébration du talent, du caractère, de la bonté de mon ami, par Larroumet, Hamel, Spuller.

Jeudi 12 juin. — Quand on aime quelqu'un, comme

j'ai aimé mon frère, on le réenterre toujours un peu dans les enterrements auxquels on assiste, et tout le temps revient en vous cette désespérante interrogation : « Est-ce vraiment la séparation éternelle, éternelle, éternelle ? »

Dimanche 6 juillet. — Ils donnent vraiment à réfléchir, ces nihilistes russes, ces artisans désintéressés du néant, se vouant à toute une vie de misère, de privations, de persécutions pour leur œuvre de mort, — et cela sans l'espoir d'une récompense, ni ici-bas, ni là-haut, mais seulement comme par un instinct et un amour de bête pour la destruction !

Mardi 8 juillet. — Champrosay. Toute la soirée s'est passée dans le *racontage*, et tour à tour par le père et la mère, du mariage de Léon, follement amoureux de Jeanne Hugo, depuis des années.

Mercredi 9 juillet. — On cause sur la terrasse. Il est question de Hugo, et Mme Lockroy donne des détails sur sa vie à Guernesey.

Hugo se levait au jour, à trois heures du matin, l'été, et travaillait jusqu'à midi. Passé midi, plus rien : la lecture des journaux, sa correspondance qu'il faisait lui-même, n'ayant jamais eu de secrétaire, — et des promenades. Un détail à noter, une régularité extraordinaire dans cette vie : ainsi, tous les jours, une promenade de deux heures, mais toujours par le même chemin, afin de n'avoir pas une minute de retard, et Hugo disant à Mme Lockroy excédée de traverser toujours le même paysage : « Si nous prenions une autre route, on ne sait pas ce qui peut arriver qui nous mettrait en retard ! » Et tout le monde couché au coup de canon de neuf heures et demie : le maître voulant que tout le monde soit au lit, et agacé de savoir que Mme Lockroy restait levée dans sa chambre.

Un corps de fer, ainsi qu'on le sait, et ayant toutes ses dents à sa mort, et de ses vieilles dents cassant encore un noyau d'abricot, six mois avant qu'elle n'arrivât. Et des yeux ! il travaillait à Guernesey, dans une cage de verre, sans stores, avec là dedans, une réverbération à vous rendre aveugle, et à vous faire fondre la cervelle dans le crâne.

Jeudi 10 juillet. — Mlle Riesener racontait sur Théodore Rousseau cette anecdote, qu'elle tenait de Chenavard.

Corot va voir Dupré, et lui fait les compliments les plus louangeurs sur les tableaux, exposés sur les quatre murs de son atelier. Éloge que Dupré coupe au milieu, par cette phrase : « Je dois vous déclarer que les trois tableaux que vous avez le plus loués, ne sont pas de moi... ils sont d'un jeune homme chez lequel il faut que je vous mène. » Le jeune homme était Rousseau, Et Corot sortant du pauvre atelier de Rousseau, disait à Dupré : « Derrière cette petite porte, il y a notre maître à tous les deux ! »

Mardi 22 juillet. — Il y a un côté imaginatif chez ma filleule Edmée, tout à fait extraordinaire. On peut commencer n'importe quelle histoire, elle vous donnera immédiatement la réplique. Ainsi qu'on lui dise : « Nous partons, n'est-ce pas, pour la campagne ? — Oui, et je mets dans mon petit panier... » Et elle nommera toutes les choses qui composent un déjeuner.

Et chaque jour, sa petite cervelle trouve des choses charmantes. Elle a trouvé de *petits baisers flûtés,* où elle vous fait sur la joue, en vous embrassant, l'imitation d'un chant de petit oiseau. Et tout à l'heure, de sa voix gazouillante, elle se livrait à une improvisation sur le paradis, où elle disait, que les messieurs et les dames du paradis avaient une bouche qui sentait l'eau de Cologne.

Jeudi 24 juillet. — Après une longue conversation,

la tête penchée sur ses pieds dans leurs bottines de feutre, Daudet laisse échapper : « Dire que toutes les nuits, je rêve que je marche... que je marche sur des plages, où les gens me disent : « Comme vous « marchez bien sur les cailloux... » Et le réveil... Ah ! le réveil, c'est horrible ! »

Vendredi 25 juillet. — Ce soir Daudet parle avec un exaltation un peu fiévreuse, et comme d'un souvenir passionnant, d'un voyage de trois semaines en mer, qu'il avait fait autour de la Corse, dans une goëlette de la douane. Il avait dîné la veille chez Pozzo di Borgo. On s'était grisé, on avait lutté, et dans la lutte, il s'était foulé un pied, mais il se faisait porter en bateau par deux marins, et quittait tout heureux, un soir de mardi-gras, la plage pleine de lumière et de cris de carnaval, pour aller à une mauvaise mer, au danger, à l'inconnu. Et dans ce bâtiment, où il avait pour coucher avec le capitaine, un espace grand comme le canapé où nous sommes assis, il parle de son bien-être moral, tout le temps que dura la traversée. Il parle de siestes au grand soleil sur les écueils, où tout le monde se séchait à plat, comme des cloportes sous un pot de fleur. Il parle de bouillabaisses mangées sur des côtes sauvages, où le feu fait avec des lentisques et des branches de genévrier donnait un goût inoubliable au poisson. Et dans l'évocation de ce voyage, il se soulève de son abattement, ses yeux brillent : c'est le Daudet du bon temps qui a la parole.

Dimanche 27 juillet. — Mme Dardoize, qui est ici en villégiature pour quelques jours, nous lit des fragments de lettres de sa fille, mariée au consul français en Birmanie : fragments nous initiant à la vie élégante de la colonie européenne de ce pays. On sent dans ces lettres, qu'en ce pays de chaleur torride sans air, en ce pays d'anémie et d'épidémie, en ce pays au mois d'octobre meurtrier, en ce pays, où un Européen ne peut guère vivre que trois ans, et encore avec des séjours dans la montagne; on sent que contre le voisinage de cette mort, c'est au moyen du champagne, du bal, du flirtage, d'une vie mondaine enragée, que ces hommes et ces femmes en chassent la pensée.

Lundi 28 juillet. — Ce soir, Mme Dardoize racontait qu'à un dîner chez la duchesse de Reggio, malgré les signes de son mari, la duchesse demandait à un officier de marine, pourquoi il n'avait mangé ni du veau ni du poulet qu'on lui avait servi. Il se trouvait que cet officier pris avec sa femme par des anthropophages, vait mangé sans le savoir d'un pâté fait avec la chair de son épouse, et depuis ne pouvait plus manger de viande blanche.

Pourquoi l'horreur à un certain degré dans les histoires, au lieu d'apitoyer, pousse-t-elle à rire ?

Un curieux mot de Léon enfant, le lendemain de la prise de possession de Champrosay par les Prussiens : « Papa, puis-je me réveiller? »

Jeudi 31 juillet. — Geffroy me disait à propos de quelques mots, dits par moi à dîner : « Je me suis tordu... ce qu'il y a d'amusant chez vous, un pessimiste... c'est que vous avez des mots d'une gaieté féroce ! »

Vendredi 1er août. — J'ai, de temps en temps, une fatigue à continuer ce journal, mais les jours lâches, où cette fatigue se produit, je me dis : « Il faut avoir l'énergie de ceux qui écrivent mourants dans les glaces ou sous les tropiques, car cette histoire de la vie littéraire de la fin du XIXe siècle, sera vraiment curieuse pour les autres siècles. »

Lundi 4 août. — En pensant aux choses magiques trouvées par ce siècle comme le phonographe, etc., etc., je me demande si les autres siècles ne trouveront pas encore des choses plus surnaturelles, et si à propos des livres perdus de l'antiquité, on ne trouvera pas le moyen, par une cuisine scientifique dans une boîte cranienne d'une momie d'Égypte ou d'un autre mort antique, de faire revivre la mémoire des livres lus par le possesseur de cette boîte cranienne.

Jeudi 21 août. — Evans le dentiste racontait à une de mes parentes, que les femmes, dans l'émotion de leur visite chez lui, oubliaient les choses les plus invraisemblables, quelquefois des lettres compromettantes, — compromettantes comme tout — tombées de leurs poches.

Dimanche 24 août. — Une femme demandait ce printemps à un gardien du bois de Boulogne, s'il n'allait pas pleuvoir. Le gardien regardait en l'air : « Oh ! vous pouvez continuer à vous promener, il y a encore de quoi faire une *culotte de suisse !* » Il faisait allusion au bleu qui était dans le ciel.

Mercredi 3 septembre. — Dans les parfums, l'Anglais introduit toujours du musc, et il en fait des parfums de sauvages, des parfums de Saxons. Ces odeurs canailles et migraineuses, qu'on les compare avec ce qu'était la senteur d'une chemise de femme autrefois : l'odeur suave à peine perceptible du véritable iris de Florence, sans addition et immixtion d'autre chose puant bon.

Lundi 8 septembre. — Le soir, quand vous êtes assis à une table de café, le défilé sur le boulevard, ce défilé incessant, continu au bout de quelque temps d'attention, n'a plus l'air d'un défilé de vivants. Ça ressemble au passage mécanique de personnages d'un écran, un passage de sillouettes découpées qui n'ont pas d'épaisseur.

Samedi 13 septembre. — Du coin de mon cabinet de travail, pendant que j'écris, j'ai devant moi, sur la porte de mon cabinet de toilette et dans la pénombre, une courtisane d'Hokousaï sous une robe semée de grues volantes, et par cette porte entr'ouverte, tout au fond de ma chambre à coucher, un meuble en laque aux faucons argentés, et au-dessus un grand vase céladon, aux reliefs blanc et or, se détachant d'une tapisserie crème, représentant une bergerie du xviiie siècle : un trou lumineux tout plein de couleurs et de clartés charmeresses.

Dimanche 14 septembre. — Saint-Gratien. Le jeune Benedetti qui a passé deux ans au Brésil, comme attaché à la légation, vient s'asseoir à côté de moi, et se met à causer de la fièvre jaune, de cette épouvantable maladie, qui lors même qu'elle n'est plus épidémique, ne continue pas moins d'enlever à Buenos-Ayres, tous les jours, au moins vingt-cinq personnes.

M'entretenant de la rapidité des décès, il me conte qu'un ingénieur français, ayant fait là-bas son affaire, ayant gagné une petite fortune, partait le lendemain par le paquebot pour l'Europe avec sa femme et ses enfants. Le jeune Benedetti s'était trouvé en rapport avec le ménage, et lui donnait à dîner la veille de leur départ. Le ménage le quittait assez tard, tout le monde bien portant. A quatre heures du matin, on venait lui annoncer que l'ingénieur était mort. Alors avait lieu une scène terrible entre lui et la femme. La femme voulait retarder son départ pour l'enterrement de son mari. Il lui objectait qu'il n'y avait pas à rester parce que, à six heures, son mari serait enterré ; la décomposition des corps étant si rapide, que l'enterrement a lieu deux heures après. Et dans la crainte qu'il se déclarât un cas chez la femme et les enfants, avec l'aide de la police, il embarquait de force la veuve et sa petite famille, au milieu des injures de la femme... qui, arrivée en Europe, lui adressait une lettre de remerciement.

Un détail particulier des enterrements de ce pays. Là-bas, pas de croque-morts, ce sont les parents qui portent la bière, quelquefois un flacon sous le nez tenu de la main libre et bien souvent un des porteurs rentre chez lui, atteint de la fièvre jaune.

Mercredi 17 septembre. — Lavoix, revenant de Savoie, nous apprend que les Charmettes avaient été achetées par les cochers de Chambéry et d'Aix, craignant que la propriété ne tombât aux mains d'un propriétaire peu respectueux, qui y apportât des changements, lui enlevât son caractère historique, tandis qu'eux la laissent inhabitée, et telle qu'elle pouvait être au temps des amours de Jean-Jacques.

C'est un précédent. Bientôt dans toute petite localité, la pierre ou le moellon historique qu'on vient voir, sera acheté par un syndicat de cochers conservateurs.

Vendredi 19 septembre. — A propos de l'historique des jetons de l'Académie, et de je ne sais quel académicien qui les toucha tous, le jour de l'exécution de Louis XVI, quelqu'un raconte qu'aux journées de Juin, Villemain qui habitait l'Institut, dans la persuasion d'être tout seul à toucher, avait ouvert et clos la séance, quand Cousin qui venait de traverser les barricades et d'affronter la mort, apparut dans la salle, en s'écriant : « Part à deux ! »

Mercredi 24 septembre. — En regardant dans le un petit parc de Saint-Gratien, un cèdre *déodora*, ses étages de branches déchiquetées, allant en diminuant jusqu'à son sommet, j'ai comme une révélation que la pagode, la construction chinoise, a été inspirée par l'architecture de cet arbre, ainsi, que l'ogive, dit-on, le fut aussi par le rapprochement en haut d'une allée de grands arbres.

Vendredi 26 septembre. — Aujourd'hui le jeune Hayashi me dit : « Voulez-vous me permettre de vous demander un renseignement?... Vous avez le masculin et le féminin dans votre langue... je le comprends pour l'homme et la femme... mais pour les choses inanimées. » Et il me montre un bol : « Pourquoi ceci est-il masculin ? » Et après il me montre une tasse : « Pourquoi cela est-il féminin ? » J'ai été embarrassé comme du pourquoi troublant d'un enfant.

Mercredi 1ᵉʳ octobre. — Lockroy, qui est venu dîner, raconte ses prisons, se plaint de l'enfermement de huit heures du soir, de ce qu'on appelle *être bouclé*, et qui vous fait passer toute la nuit sans secours, si on est malade, comme il l'a éprouvé, du temps où il avait de grandes constrictions du cœur.

Il dit que la prison est supportable trois mois, mais que, passé ce terme, ils se développe chez le prisonnier un besoin de sortir qui s'accentue tous les jours, et il déclare que le travail est impossible en prison : le travail ne pouvant s'obtenir que dans une séquestration volontaire et non forcée.

Un amusant épisode d'un de ces séjours en prison. Pendant la Commune, il prend un fiacre, et va faire une visite à un ami, aux environs de Paris. Il est arrêté par les hussards du général Charlemagne, et envoyé dans son fiacre à Versailles. Il est mis en prison, où il reste trois semaines, et comme il n'avait pas sur lui de quoi payer le fiacre, tous les matins le cocher se présentait à la prison, lui faisait dire qu'il était à ses ordres, et en quittant la prison, il avait trois semaines de fiacre à payer.

Jeudi 2 octobre. — La falsification de tout ce qui se mange et se boit à Paris, est-elle bien organisée ! Il y avait ces années-ci, une laiterie, dont je ne me rappelle plus le nom, qui avait pour faire la prison des falsifications, un employé, auquel on donnait un traitement de 1 800 francs.

Vendredi 3 octobre. — Il y a eu chez Hugo, dans le règlement de sa vie un méthodisme incroyable.

Le jour tombé, il ne lisait pas, aux lumières, une ligne d'un journal, une ligne même d'une lettre : il la mettait dans sa poche, disant qu'il la lirait le lendemain. Et Mme Lockroy, nous racontait, ce soir, qu'au commencement de la guerre, où tout le monde *haletait* après les nouvelles, un jour de brouillard, où les journaux étaient arrivés à la nuit, et où on se les arrachait, il n'avait touché à aucune des feuilles éparses devant lui, demandant qu'on lui racontât ce qu'il y avait dedans.

Samedi 4 octobre. — Un conte fantastique à la Poë à faire avec ceci. On a calculé qu'avec l'aurification des dents, générale chez tout le monde aux États-Unis, il y avait 750 millions d'or dans les cimetières. Supposons au bout de beaucoup d'années, où les millions seront changés en milliards, une crise financière, et la recherche impie et macabre de cet or.

Mardi 7 octobre. — Dîner avec un Russe, un chambellan de l'Empereur, qui affirme que Tourguéneff n'était pas un Russe sincère, qu'il jouait à Paris le nihiliste, tandis que là-bas, il se montrait un aristocrate renforcé. L'opinion de ce Russe, c'est que Tourguéneff n'a de valeur qu'en ces premiers ouvrages, dans les scènes retracées du temps de son adolescence, où il a donné de véritables photographies de son pays. Et d'après les paroles du dîneur, il me semble que Dostoiesky, est dans ces années, l'auteur le plus russe, l'auteur reproduisant le plus fidèlement l'âme de ses compatriotes.

Mardi 14 octobre. — Voici la dédicace que j'ai mise à l'exemplaire de Renan :

A RENAN

Un ami de l'homme — et quelquefois, un ennemi de sa pensée.

Jeudi 16 octobre. — En corrigeant les épreuves d'Outamaro, je pensais à la tendance de mon esprit de n'aimer à travailler que *d'après du neuf*, d'après des matériaux non déflorés par d'autres. D'abord des recherches dans les autographes et les documents inédits du xviiie siècle, puis après, et avant tout le monde, le roman naturaliste, — aujourd'hui des travaux sur ces artistes du Japon, ces artistes qui n'ont pas encore, à l'heure présente, de biographies imprimées :

Chez Charpentier, je tombe sur Zola, qui vient

d'apporter le commencement de la copie de son volume sur l'Argent.

« Son livre se compose de douze chapitres. Il en a fait huit, il ne lui en reste plus que quatre... Il n'est pas tout à fait content de son livre, mais il ne faut pas le dire trop haut... ça pourrait nuire... et il y a d'autres livres dont il n'était pas content, et qui ont marché cependant... et puis, il n'est pas possible que tous les livres, quand on en produit un certain nombre, aient la même valeur... Enfin l'Argent, c'est bon comme mobile d'une action... mais dans l'Argent pris comme étude, il y a trop d'argent. »

Samedi 18 octobre. — C'est superbe, les journalistes m'accusent de n'avoir ni patriotisme ni cœur, ils nient même mon affection fraternelle. Pourquoi ? simplement parce que mes souffrances patriotiques et mes deuils de cœur : c'est écrit. Si cela ne l'était pas, j'aurais — et à en revendre — tout ce qu'on dit me manquer.

Mercredi 22 octobre. — Margueritte vient me faire sa visite d'adieu, avant son départ. Il ne va pas cet hiver en Algérie, trouvant que l'humidité chaude de là-bas, le rend cérébralement paresseux. Il va en Corse, où il espère une atmosphère moins déprimante, et où il s'imagine trouver quelque chose à faire de neuf : la Corse n'ayant point été explorée depuis Mérimée.

Lavoix me disait, ce soir, s'être trouvé à Jérusalem, avec un placeur de vin, très voltairien, qu'un jour il rencontre dans la rue, tout bouleversé, tout extraordinaire, et qui interrogé par lui sur ce qu'il avait, lui répondit : « Je viens du tombeau du Christ, où je ne sais pas ce qui m'est arrivé, j'ai voulu dire une prière... je les avais oubliées... et je rentre à l'hôtel pour en apprendre une. »

Lundi 27 octobre. — J'ai passé aujourd'hui toute la journée chez Lenoir, à chercher et à retrouver la ressemblance de mon frère, sur l'ébauche du médaillon, qu'il fait en découpure pour sa tombe. Je suis parvenu, en guidant l'ébauchoir du sculpteur, à affiner la grosse et large matérialité qu'il avait donnée à sa figure, à resserrer le bas du visage, où il y avait une si jolie et si petite bouche, ce bas du visage que tous les dessinateurs ont allongé au détriment du haut de la tête ; je suis parvenu à lui refaire la ligne du nez tout à fait juste Et c'est une petite joie intérieure, en interrogeant les menteuses photographies et les incomplets dessins étalés sur un divan, de faire revenir dans ce morceau de terre, petit à petit, et autant que le souvenir le permet, de faire revenir le profil aimé...

Mardi 28 octobre. — C'est étonnant, comme toute ma vie, j'ai travaillé à une littérature spéciale : la littérature qui produit des embêtements. Ç'a été d'abord les romans naturistes que j'ai écrits, puis les pièces révolutionnaires que j'ai fait représenter, enfin en dernier lieu le JOURNAL. Il y a tant de gens auxquels la littérature ne fait que rapporter des caresses pour leurs nerfs.

Aujourd'hui, sur ma demande, on m'envoie de l'*Écho de Paris* un reviewer, que je charge de répondre à l'attaque de Renan, en lui remettant le canevas de la réponse.

Voici le petit morceau de prose qu'il a dû mettre en dialogue, sans y changer, sans y ajouter rien :

— Vous avez lu l'interview de la *France* a propos de votre Journal sur le siège de Paris et la Commune?

— Oui je l'ai lu avec un certain étonnement, car voici le portrait que je faisais de Renan, dans l'avant-dernier volume paru : « L'homme toujours plus charmant et plus affectueusement poli, à mesure qu'on le connaît et qu'on l'approche. C'est le type dans la disgrâce physique de la grâce morale; il y a chez cet apôtre du doute, la haute et intelligente amabilité d'un prêtre de la science. »

Oui, je suis, ou du moins j'étais l'ami de l'homme, mais parfois l'ennemi de sa pensée, ainsi que je l'écrivais dans la dédicace de l'exemplaire à lui adressé.

En effet, tout le monde sait que M. Renan appartient à la famille des grands penseurs, des contempteurs de beaucoup de convictions humaines, que des esprits plus humbles, des gens comme moi, vénèrent encore un peu, *estomaqués*, quand ils entendent un penseur de la même famille proclamer que la religion de la patrie, à l'heure présente, est une religion aussi vieille que la religion du Roi sous l'ancienne monarchie.

Ici, je ne veux pas entrer dans la discussion, à propos des conversations rapportées dans le dernier volume, que du reste M. Renan déclare n'avoir pas plus lu que les autres, mais j'affirme sur l'honneur, — et les gens qui me connaissent, pourraient attester qu'ils ne m'ont jamais entendu mentir, — j'affirme que les conversations données par moi dans les quatre volumes, sont, pour ainsi dire, des sténographies, reproduisant non seulement les idées des causeurs, mais le plus souvent leurs expressions, et j'ai la foi, que tout lecteur désintéressé et clairvoyant, en me lisant, reconnaîtra que mon désir, mon ambition a été de faire *vrais*, les hommes que je portraiturais, et que pour rien au monde, je n'aurais voulu leur prêter des paroles qu'ils n'auraient pas dites.

M. Renan me traite de « monsieur indiscret ». J'accepte le reproche et je n'en ai nulle honte, — d'autant plus que mes indiscrétions ne sont pas des divulgations de la vie privée, mais tout bonnement, des divulgations de la pensée et des idées de mes contemporains; — des documents pour l'histoire intellectuelle du siècle. Oui, je le répète, je n'en ai nulle honte, car depuis que le monde existe, les mémoires un peu intéressants n'ont été faits que par des indiscrets, et tout mon crime est d'être encore vivant, au bout de vingt ans qu'ils ont été écrits — ce dont humainement je ne puis avoir de remords.

Jeudi 30 octobre. — Lefebvre de Behaine vient déjeuner, et me remercie d'avoir accepté d'être le témoin du mariage de son fils.

Et l'on cause de la cherté du mariage à la Nonciature apostolique et ailleurs, et il me raconte qu'à son mariage, sa belle-mère se plaignant de cette cherté à l'abbé, avec lequel elle réglait la cérémonie, l'abbé lui avait répondu : « Oh! madame, ce serait encore plus cher, si au lieu de marier votre fille, vous la faisiez enterrer! »

Dimanche 9 novembre. — Cette vénération des jeunes littérateurs pour la littérature, prenant des personnages et des décors dans le passé, cette vénération qui leur fait préférer SALAMMBÔ à MADAME BOVARY, a pour moi quelque chose de l'admiration respectueuse des gens des secondes galeries, pour les pièces de théâtre ayant pris les personnages et les décors de notre ancienne monarchie.

Dimanche 23 novembre. — Par un temps à ne pas mettre un chien dehors, me voici à cinq heures en bas de mon lit, et bientôt dans le chemin de fer de Rouen, avec Zola, Maupassant, etc., etc.

Je suis frappé, ce matin, de la mauvaise mine de Maupassant, du décharnement de sa figure, de son teint briqueté, du caractère *marqué*, ainsi qu'on dit au théâtre, qu'a pris sa personne, et même de la fixité maladive de son regard. Il ne me semble pas destiné à faire de vieux os. En passant sur la Seine, au moment d'arriver à Rouen, étendant la main vers le fleuve couvert de brouillard, il s'écrie : « C'est mon canotage là dedans, le matin, auquel je dois ce que j'ai aujourd'hui ! »

Visite à Lapierre malade dans son lit, et de là déjeuner chez le maire.

Dehors, toujours de la bruine, de la pluie et du vent, le temps ordinaire des inaugurations à Rouen, et là dedans, une population tout à fait indifférente à la cérémonie qui se prépare, et prenant tous les chemins qui n'y mènent pas. En tout une vingtaine de Parisiens dans les lettres et le reportage, et une fête avec tente pour les autorités, et musique de foire, comme pour les comices agricoles de Madame Bovary.

D'abord une promenade dans le musée, à travers des manuscrits de Flaubert, sur lesquels est penchée une députation de collégiens, puis enfin l'inauguration du monument pour de vrai.

Diable, moi qui ne peux lire, chez moi, une page

de ma prose à deux ou trois amis, sans un tremblement dans la voix, je l'avoue, je suis plein d'émotion, et crains que mon discours ne s'étrangle dans mon larynx, à la dixième phrase.

Messieurs,

Après notre grand Balzac, le père et le maître à nous tous, Flaubert a été l'inventeur d'une réalité, peut-être aussi intense que celle de son précurseur, et incontestablement d'une réalité plus *artiste*, d'une réalité qu'on dirait obtenue comme par un objectif perfectionné, d'une réalité qu'on pourrait définir du *d'après nature* rigoureux, rendu par la prose d'un poète.

Et pour les êtres, dont Flaubert a peuplé le monde de ses livres, ce monde fictif à l'apparence réelle, l'auteur s'est trouvé posséder cette faculté créatrice, donnée seulement à quelques-uns, la faculté de les créer, un peu à l'instar de Dieu. Oui, de laisser après lui des hommes et des femmes qui ne seront plus pour les vivants des siècles à venir, des personnages de livres, mais bien véritablement des morts, dont on serait tenté de rechercher une trace matérielle de leur passage sur la terre. Et il me semble qu'un jour, en ce cimetière aux portes de la ville, où notre ami repose, quelque lecteur, encore sous l'hallucination attendrie et pieuse de sa lecture, cherchera distraitement aux alentours de la tombe de l'illustre écrivain, la pierre de Madame Bovary.

Dans le roman Flaubert n'a pas été seulement un

peintre de la contemporanéité, il a été un résurrectionniste, à la façon de Carlyle et de Michelet, des vieux mondes, des civilisations disparues, des humanités mortes. Il nous a fait revivre Carthage et la fille d'Hamilcar, la Thébaïde et son ermite, l'Europe moyenageuse et son Julien l'Hospitalier. Il nous a montré, grâce à son talent descriptif, des localités, des perspectives, des milieux que, sans son évocation magique, nous ne connaîtrions pas.

Mais permettez-moi d'aimer surtout, avec tout le monde, le talent de Flaubert dans MADAME BOVARY, dans cette monographie de génie de l'*adultère bourgeois*, dans ce livre absolu, que l'auteur jusqu'à la fin de la littérature, n'aura laissé à refaire à personne.

Je veux encore m'arrêter un moment, sur ce merveilleux récit, sur cette étude apitoyée d'une humble âme de peuple qui a pour titre : UN CŒUR SIMPLE.

En votre Normandie, Messieurs, au fond de ces antiques armoires, qui sont la resserre du linge, et de ce qu'a de précieux le pauvre monde de chez vous, quelquefois vos pêcheurs, vos paysans, sur les panneaux intérieurs de ces armoires, d'une maladroite écriture tracée par des doigts gourds, mentionnent un naufrage, une grêle, une mort d'enfant, enfin une vingtaine de grands et de petits événements : l'histoire de toute une misérable existence. Cet envers écrit de leurs armoires, c'est l'ingénu *Livre de raison* de ces pauvres hères. Or, Messieurs, en lisant UN CŒUR SIMPLE, j'ai comme la sensation de lire une histoire qui a pris à ces tablettes de vieux chêne, la naïveté et la touchante simplesse, de ce qu'ont écrit dessus, votre paysan et votre pêcheur.

Maintenant qu'il est mort, mon pauvre grand Flaubert, on est en train de lui accorder du génie, autant que sa mémoire peut en vouloir... Mais sait-on, à l'heure présente, que de son vivant la critique mettait une certaine résistance à lui accorder même du talent. Que dis-je « résistance à l'éloge »!... Cette vie remplie de chefs-d'œuvre, lui mérita, quoi? la négation, l'insulte, le crucifiement moral. Ah! il y aurait un beau livre vengeur à faire de toutes les erreurs et de toutes les injustices de la critique, depuis Balzac jusqu'à Flaubert. Je me rappelle un article d'un journaliste politique, affirmant que la prose de Flaubert déshonorait le règne de Napoléon III, je me rappelle encore un article d'un journal littéraire, où on lui reprochait un *style épileptique*, — vous savez maintenant, ce que cette épithète contenait d'empoisonnement pour l'homme auquel elle était adressée.

Eh bien, sous ces attaques, et plus tard dans le silence un peu voulu qui a suivi, renfonçant en lui l'amertume de sa carrière, et n'en faisant rejaillir rien sur les autres, Flaubert est resté bon, sans fiel contre les heureux de la littérature, ayant gardé son gros rire affectueux d'enfant, et cherchant toujours chez les confrères ce qui était à louer, et apportant à nos heures de découragement littéraire, la parole qui remonte, qui soulève, qui relève, cette parole d'une intelligence amie, dont nous avons si souvent besoin, dans les hauts et les bas de notre métier. N'est-ce pas, Daudet? N'est-ce pas, Zola? N'est-ce pas, Maupassant? qu'il était bien ainsi, notre ami? — et que vous ne lui avez guère connu de mauvais sentiments que contre la trop grosse bêtise?

Oui, il était foncièrement bon, Flaubert, et il pratiqua, je dirais, toutes les vertus bourgeoises, si je ne craignais de chagriner son ombre avec ce mot, sacrifiant un jour sa fortune et son bien-être à des intérêts et à des affections de famille, avec une simplicité et une distinction, dont il y a peu d'exemples.

Enfin, Messieurs, en ce temps où l'argent menace d'*industrialiser* l'art et la littérature, toujours, toujours, et même en la perte de sa fortune, Flaubert résista aux tentations, aux sollicitations de cet argent; et il est peut-être un des derniers de cette vieille génération de désintéressés travailleurs, ne consentant à fabriquer que des livres d'un puissant labeur et d'une grande dépense cérébrale, des livres satisfaisant absolument leur goût d'art, des livres d'une mauvaise vente payés par un peu de gloire posthume.

Messieurs,

Cette gloire, afin de la consacrer, de la propager, de la répandre, de lui donner en quelque sorte une matérialité, qui la fasse perceptible pour le dernier de ses concitoyens, des amis de l'homme, des admirateurs de son talent, ont chargé M. Chapu, le sculpteur de tant de statues et de bustes célèbres, du bas-relief en marbre que vous avez sous les yeux, ce monument où le statuaire, dans la sculpture de l'énergique tête du romancier, et dans l'élégante allégorie de la Vérité prête à écrire le nom de Gustave Flaubert sur le livre d'Immortalité, a apporté toute son habileté, tout son talent. Ce monument d'art, le comité de souscription l'offre par mon intermédiaire à la ville de Rouen, et le remet entre les mains de son maire.

Eh bien, non, ça s'est passé mieux que je ne croyais, et ma voix s'est fait entendre jusqu'au bout, dans une bourrasque impétueuse qui me collait au corps ma fourrure, et me cassait sous le nez les pages de mon discours, — car l'orateur ici est un harangueur de plein air ; — mais mon émotion, au lieu de se faire aujourd'hui dans la gorge, m'était descendue dans les jambes, et j'ai éprouvé un *tremolo* qui m'a fait craindre de tomber, et m'a forcé à tout moment de changer de pied, comme appui.

Puis après moi, un discours plein de tact du maire, et après le maire, un discours d'un académicien de l'Académie de Rouen, à peu près vingt-cinq fois plus long que le mien, et contenant tous les clichés, tous les lieux communs, toutes les expressions démodées, toutes les *homaiseries* imaginables : un discours qui le fera battre par Flaubert, le jour de la résurrection.

Maintenant, pour être franc, le monument de Chapu est un joli bas-relief en sucre, où la Vérité a l'air de faire ses besoins dans un puits.

A la fin du déjeuner chez le maire, Zola m'avait tâté pour une réconciliation avec Céard, et je lui avais répondu, songeant combien cette brouille gênait les Daudet père et fils, et même combien c'était embêtant pour nous deux, de nous faire, dans des milieux amis, des têtes de chiens de faïence ; je lui avais répondu que j'étais tout prêt à me réconcilier, et la cérémonie terminée, quand Céard est venu me complimenter, nous nous sommes embrassés devant le médaillon de Flaubert, rapprochés l'un de l'autre, comme par l'entremise de son ombre.

Or, la cérémonie finie, il est trois heures et demie, et la pluie redouble et le vent devient une trombe. D'un lunch, dont Maupassant nous a fait luire l'offre, tout le trajet du chemin de fer de ce matin, il n'est plus question, avec la disparition de l'auteur normand chez un parent. Il faut s'enfermer avec Mirbeau et Bauër, et prendre un grog, qui dure les deux heures que nous avons à attendre le dîner.

Enfin, Dieu merci, six heures sont sonnées, et nous voilà attablés chez Mennechet, autour d'un dîner, ni bon ni mauvais, dont le plat officiel, est toujours le fameux canard rouennais : plat pour lequel je n'ai qu'une assez médiocre estime.

Mais c'est un dîner amusant par le vagabondage de la conversation, qui va de l'envahissement futur du monde par la race chinoise, à la guérison de la phtisie par le docteur Koch ; qui va du voyageur Bonvalot, au vidangeur de la pièce pornographique de Maupassant : FEUILLE DE ROSE, jouée dans l'atelier

Becker; qui va de l'étouffement des canards, à l'écriture des asthmatiques, reconnaissable aux petits points dont elle est semée, et faits par les tombées de la plume, pendant les étouffements de l'écrivain : causerie à bâtons rompus, dont les causeurs verveux sont, le jeune rédacteur du *Nouvelliste*, l'auteur d'Un ménage d'artiste, joué au Théâtre-Libre, et le notaire penseur, l'auteur du Testament d'un moderne.

Samedi 29 novembre. — Ce soir, à dix heures, lecture chez Antoine de la Fille Élisa, qu'Ajalbert lit très bien, et qui met vraiment une grande émotion au cœur du monde, qui se trouve là. C'est Antoine qui fait l'avocat, Janvier, ce jeune acteur plein de talent qui fait le pioupiou mystique, et une Hongroise tombée à Paris, et qui n'a joué que du Shakespeare, qui fait la fille Élisa.

Vendredi 5 décembre. — Pélagie me parlait ce matin d'une pauvre famille bourgeoise d'ici, de la famille d'un inspecteur des eaux, dont la fille aînée mourante, après avoir vu mourir de la poitrine trois de ses frères et sœurs, disait à sa mère, lui parlant du jour de sa mort : « Tu seras aussi morte que moi, ce jour-là... oui, tu ne sauras, où donner de la tête ! » Et elle se mettait à lui préparer les lettres de faire part, qu'elle aurait à envoyer.

Pélagie ajoutait que la mère, à force d'avoir pleuré

dans sa vie, avait les yeux d'un violet particulier, d'un violet ressemblant à certaines petites figues du Midi.

Lundi 8 décembre. — Grand étonnement ce matin. Je disais hier à Daudet : « Je ferais appel aux souvenirs de tous les dîneurs de Magny, que j'ai la conviction que tous, en se disant entre eux à voix basse : ce que Goncourt rapporte des propos de Renan, est de la pure sténographie, — déclareraient tout haut que Renan n'a pas dit un mot de ce que j'ai imprimé ! » Et voici que, ce matin, d'un interview avec Berthelot, l'ami intime de Renan, il résulte pour les gens qui savent lire entre les lignes, que je n'ai pas menti tant que cela. Et je lis dans le *Figaro*, un article de Magnard, qui, en blâmant indulgemment mes indiscrétions, déclare que mon Journal *sue l'authenticité.*

Dans ces luttes intellectuelles qui vous retirent de la tranquillité de la vie bourgeoise, qui vous tiennent dans un état d'activité cérébrale combative, il doit y avoir quelque chose de la griserie dans une vraie bataille.

Jeudi 11 décembre. — Le patinage sur le lac du Bois de Boulogne, au crépuscule.

Un ciel comme teinté du rose d'un incendie lointain, des arbres ressemblant à d'immenses feuilles de polypiers violets, une glace mate, de couleur neutre, sans brillant. Là-dessus, élégamment *déverticalisés* dans des penchements sur le côté, les silhouettes des noirs patineurs.

Un peintre a rendu merveilleusement ce ciel, ces arbres, cette glace, ces patineurs : c'est Jonckind.

Jeudi 18 décembre.

> Chambre étrange : on eût dit qu'elle avait un secret
> D'une chose très triste et dont elle était lasse,
> D'avoir vu le mystère en fuite dans la glace.

Ces trois vers de Rodenbach, me font parler de la terreur, qu'a des glaces Francis Poictevin, terreur que Daudet veut qu'il ait empruntée à Baudelaire, qui l'aurait empruntée à Poé. Là-dessus Rodenbach rappelle une tradition populaire, qui veut que le diable y fasse parfois voir son visage. L'un de nous se demande rêveusement, si les morts n'y laissent pas de leur image, revenant à de certaines heures. Et Daudet compare la vie vivante de cette chose silencieuse, au silence vivant des étoiles de Pascal.

Vendredi 19 décembre. — J'ai lu ces jours-ci, que l'*Écho de Paris* est interdit en Allemagne. Cette interdiction m'a tout l'air d'avoir été amenée par des passages de mon JOURNAL, pendant mon séjour à Munich chez Lefebvre de Behaine... Est-ce que j'appelle la guerre? Peut-être! Je suis bêtement chauvin, je l'avoue, et demeure humilié et blessé de la douloureuse guerre de 1870. Puis pour moi, la France commençant à Avricourt, n'est plus la France, n'est plus une nation dans des conditions ethnographiques qui lui permettent de se défendre contre une invasion étrangère, et j'ai la conviction que fatalement, et malgré tout, il y aura un dernier duel entre les deux nations : duel qui décidera si la France redeviendra la France, ou si elle sera mangée par l'Allemagne.

Samedi 20 décembre. — Dîner donné par Gallimard, pour l'apparition de l'édition de GERMINIE LACERTEUX, tirée à trois exemplaires.

Causerie avec le peintre Carrière, qui me tire de sa poche, un petit calepin, où il me montre une liste de motifs parisiens qu'il veut peindre, et parmi lesquels, il y a une marche de la foule parisienne, cette ambulation particulière, que j'ai si souvent étudiée d'une chaise d'un café du boulevard, et dont il veut rendre les anneaux, semblables pour lui aux anneaux d'une chaîne.

Dimanche 21 décembre. — Duret contait aujourd'hui au *Grenier*, qu'il avait assisté au Japon à une représentation des FIDÈLES RONINS, où les quarante-cinq ronins, tout couverts de sang, traversaient la salle dans toute sa longueur, sur un petit praticable établi au-dessus des Japonais assis à terre, et que le passage à travers la salle de ces guerriers ensanglantés, était d'un effet terrible.

Mardi 23 décembre. — Oui, une seule fois dans le décor, la répétition de l'acte du Tribunal de la FILLE ÉLISA, et encore avec un tas de choses qui manquent, et sans les bancs, qui doivent être faits, et peints, et séchés à la lampe, demain matin. C'est effrayant, la confiance d'Antoine dans la réussite des choses théâtrales, ainsi improvisées.

Vendredi 26 décembre. — Première de la FILLE ÉLISA. L'enfant donné aux cochons, du *Conte de Noël* qui précède la pièce d'Ajalbert, et plus encore la sempiternelle répétition d'un chant sur les cloches et clochettes de la nuit adoratrice, mettent la salle dans une exaspération telle, qu'Antoine rentre deux ou trois fois dans sa loge, nous disant : « Je n'ai jamais vu une salle pareille ! »

Bon ! après la réussite de la répétition générale, après cette assurance d'un succès, nous voici menacés d'un *four*. Et nous allons, Ajalbert et moi, très nerveux prendre un verre de chartreuse, au café voisin, où je dis à l'auteur de la pièce : « Avec ce public, n'en doutez pas un moment, le premier acte va être *emboîté*, et la seule chance que nous puissions avoir, c'est qu'Antoine relève la pièce au second acte. »

Au lever de la toile, je suis au fond d'une baignoire, où j'ai devant moi, des jeunes gens qui commencent à pousser des oh! et des ah! aux vivacités de la première scène. Mais aussitôt, ils se taisent, ils se calment, et je les vois bientôt applaudir comme des sourds.

Nau est l'actrice qu'on pouvait rêver pour ce rôle. Elle est bien *filliasse* au premier acte, et bellement et modernement tragique au troisième. Janvier est le vrai séminariste en pantalon garance. Et la petite Fleury est toute pleine de gaîté et d'entrain, dans son rôle de Marie *Coup de Sabre*. Antoine se montre un acteur tout à fait supérieur. C'est de lui, dont Rodenbach traversant hier le boulevard, avait entendu un monsieur qui avait assisté à la répétition, disant à un autre : « A l'heure actuelle, il n'y a pas au Palais, un avocat foutu de plaider une cause, comme Antoine a plaidé hier. »

Dans le couloir, j'ai entendu une phrase typique : « Ce n'est pas du théâtre, mais c'est très intéressant! » Non ce n'est plus du vieux théâtre, c'est du théâtre nouveau! Au fond, j'ai vu rarement applaudir sur un théâtre un acte, comme j'ai vu applaudir la Cour d'Assises. Incontestablement la FILLE ÉLISA est un des gros succès du Théâtre-Libre.

Samedi 27 décembre. — Le soir, à l'OBSTACLE, Mirbeau me dit avec un accent de sincérité, que jamais au spectacle, il n'a été touché, comme il l'a été par la FILLE ÉLISA, que jamais il n'a perçu un sentiment de pitié, descendre sur une salle, comme dans cette pièce.

ANNÉE 1891

ANNÉE 1891

Jeudi 1ᵉʳ janvier 1891. — Toute la journée à la correction des épreuves. Et dans les moments de repos, une longue contemplation du profil en bronze de mon frère, posé sur la table de travail, de mon frère si ressemblant, par moment, sous des coups de jour cherchés par moi, et qui me le font revoir dans la vie de son joli et spirituel visage.

Je vais en faire fondre une seconde épreuve, par laquelle je remplacerai le Louis XV de mon balcon, et signerai de son effigie dans l'avenir, la maison où il est mort.

Ce soir, dîner chez Daudet, où sont réunies les deux familles des fiancés. Daudet qui a eu ce matin une affreuse crise d'estomac, et a lutté toute la journée, est obligé de se coucher, au moment où l'on se met à table.

Dimanche 4 janvier. — Huysmans donne aujourd'hui des détails sur les voleurs, les receleurs du

Château-Rouge, et sur la fameuse maîtresse de Gamahut.

C'est curieux tout de même, cette maison de Gabrielle d'Estrées, devenue cet immonde garni, et où la chambre même de la maîtresse de Henri IV serait devenue la *chambre des morts :* la chambre où l'on superpose plusieurs couches d'ivrognes ivres-morts, les uns sur les autres, jusqu'à l'heure où on les balaye au ruisseau de la rue. Garni qui a pour patron, un hercule dans un tricot couleur sang de bœuf, ayant toujours à la portée de sa main deux nerfs de bœuf, et une *semaine* de revolvers. Et dans ce garni, d'étranges déclassés de tous les sexes : une vieille femme de la société, une *absintheuse*, se *mettant sous la peau*, dans un jour vingt-deux absinthes, de cette terrible absinthe, colorée avec du sulfate de zinc, une sexagénaire que son fils, avocat à la cour d'appel, n'a jamais pu faire sortir de là ; et qui, d'après la légende du quartier, se serait tué de désespoir et de honte.

Huysmans parle dans ce quartier Saint-Séverin d'un garni encore plus effroyable, du garni de Mme Alexandre.

Jean Lorrain qui vient après Huysmans, et qui connaît le Château-Rouge et ses habitués, rabaisse les scélérats de l'endroit, et affirme que ce sont des cabotins, des criminels de parade, que font voir les agents de police aux étrangers.

Daudet, ce soir, est repris de son idée de la fondation d'une revue, qui s'appellerait la « Revue de Champrosay » où il serait prêt à mettre cent mille francs, et où il grouperait autour de lui notre monde, dont il payerait la copie, comme aucun directeur ne l'a fait jusqu'ici. Il voit dans des interview, des interview autres que ceux qui se font dans les journaux, un moyen de propagation intellectuelle tout nouveau, un moyen qu'il veut beaucoup employer, en ne le bornant pas seulement à l'interrogation de l'homme de lettres.

Et cette revue, en la fin de son existence, serait un exutoire pour son activité cérébrale.

L'idée est bonne, et avec le magasin d'idées que possède Daudet, il ferait un excellent directeur de revue. « Mais pourquoi le titre de « Revue de Champrosay » ? lui dis-je. Je trouve la dénomination un peu petite, pour un esprit de la grandeur du vôtre. » A quoi, il répond, en parlant de l'action de Voltaire à Ferney, de l'action de Gœthe à Weimar, et de l'indépendance littéraire, qui se fait en dehors des centres de population, dans les petits coins.

Lundi 5 janvier. — Le jeune Philippe Sichel, auquel je demande qu'il m'indique ce qui lui ferait plaisir pour ses étrennes, me dit : « Une main de squelette. »

Mercredi 7 janvier. — Visite d'Heredia, qui me parle

d'un volume qu'il fait dans ce moment sur Ronsard, pour la maison Hachette, sur ce poète qu'il dit avoir eu, en son temps, une popularité plus grande que Hugo n'en a eu dans ce siècle, de ce révolutionnaire de la poésie française, qui avec lui n'est plus la poésie de Marot et de Mellin de Saint-Gelais. Le curieux de cette révolution, me fait remarquer Heredia, c'est que le retour à la nature de Ronsard, est amené par l'étude et l'emploi dans son œuvre de l'antiquité : retour qui a lieu plus tard chez André Chénier par la même source et les mêmes procédés.

Puis Heredia me lit des vers de sa seconde fille, qu'il me peint avec une petite tête, aux longs cheveux, un œil parfois un peu en dedans, l'ensemble d'une physionomie du Vinci : une fillette de quatorze ans qui joue encore à la poupée, et qui s'amuse seulement, quand il pleut, à faire ces vers tout à fait extraordinaires.

Et c'est l'occasion pour le père de s'étendre sur l'atavisme, de se demander si le style ne vient pas d'un certain mécanisme du cerveau qui se lègue, et dont sa fille a hérité, car elle a toutes ses qualités de fabrication, jointes à « une essence poétique » qu'il confesse ne pas avoir, et qui doit faire d'elle, si elle continue, un poète remarquable. Mais va te faire fiche... dans le moment elle ne fait plus du tout de vers. Il a eu la bêtise de lui acheter une guitare, et elle est toute à la guitare.

Jeudi 8 janvier. — A table je m'emballe, et me laisse aller à dire aux jeunes qui sont là, qu'ils sont des lâches littéraires, que Daudet et moi, nous nous battons toujours tout seuls, sans le secours du plus petit corps d'armée, qu'un livre comme l'IMMORTEL, n'a pas trouvé l'appui d'une seule plume amie, que la pièce de GERMINIE LACERTEUX a été défendue et soutenue seulement par des inconnus.

Samedi 10 janvier. — Je donne ce soir à dîner à Ajalbert, à Antoine, et à Janvier et à Mlle Nau, les deux premiers rôles de la FILLE ÉLISA.

Antoine arrive tout heureux. La réclamation de 8 000 de l'Assistance publique, sur la menace qu'il allait fermer son théâtre, et que la centaine de jeunes gens dont il avait reçu des pièces, allait prendre à partie dans tous les journaux l'institution dévoratrice, a fait tomber la réclamation de 8 000 francs à quelque chose comme 80 francs.

Janvier, lui, ce jeune acteur d'un si grand talent, gagne cent francs par mois, dans une compagnie d'assurances, et comme on le pousse à quitter sa compagnie, et qu'on lui prédit qu'il lui sera impossible de ne pas faire sa carrière du théâtre, il s'y refuse doucement, disant qu'il ne veut pas faire trop de peine à son père, qui peut très bien ne connaître rien aux choses d'art, mais qui l'aime beaucoup, et qu'il veut le laisser tranquillement *évoluer*, persuadé, qu'un jour, il le laissera jouer, mais alors sans trop de répugnance.

Lundi 12 janvier. — Un détail qu'on me donnait sur le métier de couvreur, et qui fait froid dans le dos. On me disait qu'on leur retenait par mois 50 centimes, pour la civière dans laquelle on les transporterait, le jour où ils tomberaient d'un toit.

Vendredi 16 janvier. — Eugène Carrière, qui vient dîner à Auteuil, avec Geffroy, m'apporte pour la collection de « Mes Modernes » un portrait dudit Geffroy, sur le parchemin blanc de son bouquin : Notes d'un journaliste, un portrait ayant une étroite parenté avec les belles choses enveloppées des grands peintres italiens du passé.

Carrière et Geffroy me parlent du projet de faire ensemble un Paris, par de petits morceaux amenés sous le coup de la vision, sans l'ambition de le faire tout entier : un Paris fragmentaire, où se mêleraient les dessins du peintre à la prose photographique de l'écrivain.

Dimanche 18 janvier. — La femme, l'idée du plaisir que cet être énigmatique pour un enfant, pouvait apporter à un homme, m'a été suggérée pour la première fois par mon père, disant à un compagnon d'armes devant moi — je n'avais pas plus de dix ans, — disant qu'à la suite de je ne sais quelle affaire en

Autriche, il avait été fait prisonnier, et envoyé sur la frontière de la Turquie, et que jamais il n'avait été plus heureux, que le vin y était excellent, et qu'on avait, tant qu'on voulait, des femmes charmantes.

Lundi 19 janvier. — C'est typique, ces femmes scandinaves, ces femmes d'Ibsen, c'est un mélange de naïveté de nature, de sophistique de l'esprit, et de perversité du cœur.

J'étais en train d'écrire, que je craignais la réponse de la censure, quand on m'apporte une dépêche d'Ajalbert, m'annonçant que la FILLE ÉLISA était interdite : « Vraiment dans la vie, je ne suis pas l'homme des choses qui réussissent ! »

Mardi 20 janvier. — Ajalbert m'arrive, la mine consternée. Il me représente la première, s'annonçant comme un succès, il me parle de 140 fauteuils d'orchestre déjà loués hier, puis il me peint la désolation des femmes jouant dans la pièce, la désolation de cette pauvre Nau, qui n'était pas venue à la première répétition, et à laquelle on annonçait dans le décor de la FILLE ÉLISA, que c'était la MORT DU DUC D'ENGHIEN qu'on allait y répéter.

Ah! le théâtre, c'est vraiment trop une boîte à

émotions, et une succession de courants d'espérance et de désespérance par trop homicide. Voici, après dîner, mon deuil fait de l'interdiction, une dépêche d'Antoine m'annonçant qu'il m'apportera une grande nouvelle dans la soirée.

Au fond, je crois que la nouvelle ne viendra pas, et que je veille pour rien.

Jeudi 22 janvier. — Après les hauts et les bas d'espérance et de désespérance de ces jours-ci, je reçois une lettre d'Ajalbert, m'écrivant que Bourgeois, le ministre de l'Intérieur, oppose un refus formel à la levée de l'interdiction, et que Millerand doit l'interpeller samedi. Et dans son interpellation, il doit lire le passage du livre sur la prostitution de Yves Guyot, faisant l'éloge de la FILLE ÉLISA, — et cet Yves Guyot, est ministre de quelque chose dans le ministère actuel.

Vendredi 23 janvier. — Ici, je retrouve Sarcey tout entier : après avoir fait un assez bénin compte rendu de la FILLE ÉLISA, le voilà rédigeant l'article le plus éreinteur de la pièce, pour noblement fournir au ministre et à la censure, des armes pour l'interdiction. Ah la belle âme !

Aujourd'hui, où je sais un interviewer à la cantonade, je jette rapidement sur le papier les idées que je veux développer.

L'INTERVIEWER. — Ça vous a étonné cette interdiction ?

MOI. — Non... et cependant, tenez... sous un régime monarchique c'était logique, mais sous un gouvernement républicain, l'ironie de la chose est vraiment amusante pour un sceptique... Mais examinons de haut la question... Nous avons comme président, un président qui peut être un parfait honnête homme, mais qui est la personnification du néant, et qui n'a dû sa nomination qu'à la constatation par tous de ce néant, et par là-dessus c'est un président très pudibard... Maintenant nous avons une Chambre qui est la représentation de la médiocratie intellectuelle de la province... car à l'heure qu'il est, Paris est sous le joug de l'obscurantisme des prétendus grands hommes de chefs-lieux... Autrefois, du temps où il y avait plus de Parisiens à la Chambre, il y en avait certes de médiocres dans le nombre, mais le Parisien médiocre ressemble un peu à nos jeunes gens sans grande intelligence de la diplomatie, qui au bout d'un certain nombre d'années, par la fréquentation de l'humanité supérieure des grandes capitales où ils passent, ont dépouillé quelque chose de leur médiocrité.

Or, ce monsieur du pouvoir exécutif, et ces médiocrates de province, ont le chauvinisme de la tragédie, du *personnage noble*. Mais comme l'intérêt est passé des Empereurs, des Rois de l'antiquité, aux marquis des xviie et xviiie siècles, puis des marquis aux gros bourgeois du xixe siècle, ils entendent qu'on s'arrête à ce personnage noble de l'heure présente, et qu'on ne descende pas plus bas.

Ils ne se doutent pas, ces gens, qu'il y a cent cinquante ans, au moment où Marivaux publiait le roman de MARIANNE, on lui disait que les aventures de la noblesse pouvaient seules intéresser le public, et Marivaux était obligé d'écrire une préface, où il proclamait l'intérêt qu'il trouvait, dans ce que l'opinion publique dénommait l'*ignoble* des aventures bourgeoises, et affirmait que les gens qui étaient un peu philosophes et non dupes des distinctions sociales ne seraient pas fâchés d'apprendre ce qu'était la femme, chez une marchande de toile.

Eh bien, à cent cinquante années de là, il est peut-être permis, à un esprit un peu philosophe, dans le genre de Marivaux, de descendre à une bonne et à une basse prostituée. Et je le dis en dépit de l'interdiction de la FILLE ÉLISA, et du mauvais vouloir du chef du gouvernement pour GERMINIE LACERTEUX, ces deux pièces seront jouées avant vingt ans, tout aussi bien que les pièces à Empereurs, à marquis, à gros bourgeois.

Samedi 24 janvier. — Dans quelle bataille je vis, pendant que Millerand interpelle le ministre Bourgeois à propos de l'interdiction de la FILLE ÉLISA, moi je travaille à ma préface à l'encontre de Renan.

Mais au fond de moi, j'ai un regret de n'avoir pas accepté l'invitation d'Ajalbert, et de ne pas me trouver à la Chambre. La séance devait me fournir une belle note.

A cinq heures, Ajalbert et Mlle Nau tombent chez moi, sortant de la séance. Mlle Nau y était entrée, en faisant passer une carte à Millerand portant : *la fille Élisa*. Cela s'est passé, comme ça devait se passer. L'interpellation a été enterrée au milieu de l'effarouchement pudibond de la Chambre, et après une réplique d'un assez bon goût du ministre Bourgeois.

Je ne suis décidément pas aimé des hommes politiques, et je le mérite par mon mépris pour eux. L'un d'un disait à Millerand, sur un ton qu'on ne peut pas définir : « Vous êtes donc l'ami de ce de Goncourt? »

Dimanche 25 janvier. — Vraiment, m'avoir refusé aux Français la PATRIE EN DANGER, cette pièce impartiale, où j'avais opposé au royalisme de mon comte et de ma chanoinesse, le beau républicanisme du jeune général, où j'avais fait de mon guillotineur, un espèce de fou humanitaire, le sauvant de l'horreur de son rôle de sang, pour accepter cette pièce irritante de THERMIDOR, pour accepter cette pièce écrite dans cette langue : « *Et le colosse désarmé par* un hoquet, vaincu par une phrase, étranglé par une sonnette. »

Jeudi 29 janvier. — Voici mes idées sur la réglementation et la police des théâtres, que j'exposais ce soir, chez Daudet. Pas de censure et pas d'interdiction préventive. Une pièce amenant des batailles, pas interdite tout d'abord, mais suspendue. Au bout de huit jours, après une semaine donnée aux passions, aux animosités, aux colères, pour se calmer, une seconde représentation, ou si les batailles recommençaient, alors seulement l'interdiction formelle.

Samedi 31 janvier. — La FILLE ÉLISA, le drame interdit par la censure, a obtenu un succès considérable. Il a assourdi Paris, sous la criée des camelots, pendant plusieurs jours, et un premier tirage de 300 000 épuisé, la *Lanterne* a dû le faire retirer.

Mercredi 4 février. — Aujourd'hui j'achète chez Hayashi une poche à tabac de Gamboun, le *figurateur* spécialiste de la fourmi au Japon : un objet de la vie intime, au caractère d'un objet de sauvage, mais fabriqué par le sauvage le plus artiste de la terre.

C'est extraordinaire la jouissance que procure à un amateur la possession d'un objet parfait : c'est si rare le bibelot qui vous satisfait complètement.

Lundi 9 février. — Ce soir, M. Villard soutenait que la qualité du Français et sa supériorité sur tous les autres Européens, étant l'ordre, la méthode, l'économie, on ne savait pourquoi, dans tout l'univers, sa grande réputation était sa légèreté.

Mardi 10 février. — Les Daudet ont signé, ce matin, le contrat de mariage de leur fils Léon avec Jeanne Hugo.

Jeudi 12 février. — A cinq heures et demie, les Montégut et Nicolle viennent me chercher dans le landau officiel des noces, et me mènent avenue Victor-Hugo.

Le cortège est organisé. On monte en voiture. Malgré une petite pluie fine, une population grouillante autour de la mairie de Passy, comme un jour d'émeute... C'est effrayant le monde dans la salle, c'est tout le monde politique, tout le monde littéraire, tout le monde élégant, enfin tous les mondes de

Paris. Un moment de houle dans cette foule pressée, tassée, devant un bouquet monstre aux rubans tricolores, qu'une députation pénétrant de force dans la salle, veut porter à la mariée. Mais ce n'est qu'une minute de tumulte. Bientôt tout se tait, tout s'apaise et commence la cérémonie du mariage civil, suivi d'un discours de Marmottan.

Après Marmottan, Jules Simon adresse à la mariée une allocution charmante, la vraie allocution d'un mariage civil.

Le défilé, un défilé d'une heure.

Enfin sur le coup de huit heures, les gens qui dînent chez les Lockroy sont de retour, avenue Victor-Hugo. Et là, est revenu avec nous le docteur Potain, le second témoin de Léon, qui malgré les sollicitations de tout le monde, se refuse à dîner et s'en va, ayant pour principe, que si une fois il dînait en ville, il serait obligé d'y dîner d'autres fois, et que son travail du soir serait complètement perdu.

Les dîneurs sont Schœlcher, le ménage Jules Simon, les Ernest Daudet, les deux frères Montégut, Nicolle, etc., etc.

Schœlcher, une tête de casse-noisette, non le casse-noisette méchant, mais le bon. Une chaîne d'or qui dépasse son gilet, lui fait demander ce que c'est. Il se défend un moment de le dire, se plaignant d'avoir un gilet qui l'a laissée à découvert, puis il avoue que c'est une chaîne d'or, au bout de laquelle, il y a un médaillon contenant des cheveux de son père, et je l'entends à la fin du dîner discuter avec

Daudet, et soutenir que l'homme de maintenant vaut mieux que l'homme d'il y a deux cents ans.

Sur le coup de onze heures, on s'embrasse et on se quitte, et Montégut et Nicolle me font la conduite, Nicolle, un garçon du plus grand talent, mais incontestablement le plus grand bavard scientifique, que je connaisse, me parlant dans le roulement de la voiture, sans relâche et sans miséricorde, de l'adaptation de l'œil de l'aigle et de l'œil du sauvage pour la vision des grands espaces, et de la myopie produite par la civilisation, me parlant des microbes du tétanos qu'on trouve en quantité dans la terre des Hébrides, où les sauvages n'ont qu'à enfoncer leurs flèches pour qu'elles soient empoisonnées, me parlant de je ne sais quoi encore, quand la voiture s'est arrêtée devant ma porte.

Mardi 17 février. — J'ai envoyé ce matin ma préface à Magnard, en réponse à Renan, et j'attends sa réponse pour savoir, si elle passera dans le *Figaro*. Et je ne suis en train de rien faire, et ayant besoin d'être absent de chez moi, et un peu de moi-même, je m'en vais au Musée du Louvre, remiser mon esprit dans du vieux passé.

Ah! cette vieille Grèce vert-de-grisée! Ah! ces miroirs de Corinthe! Ah! toutes ces choses de la vie usuelle, rongées par la rouille des siècles, et où survit et se détache dans un fragment de métal pourri, la fière ronde bosse et le puissant relief d'un corps de femme emporté sur la croupe d'un animal, galopant dans l'espace... De la Grèce, et sa sculpture dans la tête, en ma promenade hallucinée, presque aussitôt tomber sur les portraits à la mine de plomb de M. Ingres, sur ces crayonnages, peinés, pinochés d'un pauvre dessinateur, qui expose dans un cadre, rue de la Paix... Alors, fuyant ces choses, se trouver soudainement devant les pylones du *Palais d'Artaxerxès Mnémon*, soutenus par ces hiératiques lions rosâtres sur la vétusté pâle des murs, se trouver devant la *Frise des archers de la salle du trône de Darius*, avec ces troublantes silhouettes de noirs guerriers de profil, aux yeux de face, à la barbe verte!

En rentrant, je trouve la réponse de Magnard qui me dit qu'il accepte, et quoique je l'aie désiré, je me trouve maintenant avoir un peu peur de cette publicité.

Mercredi 18 février. — C'est bien tout à fait, ce roman de Huysmans de l'*Écho de Paris*. C'est de la prose qu'on ne trouve pas d'ordinaire au bas d'un journal, et qui vous fait plaisir à lire, au réveil. Oui, c'est de la plantureuse écriture, avec derrière de la pensée *outrancière*.

Jeudi 19 février. — Carrière, qui dînait chez Daudet, après dîner, est venu s'asseoir à côté de moi, et dans une longue, vague et diffuse conversation, ressemblant à sa peinture, et avec sa voix étoupée, m'a entretenu longtemps de son mépris pour le *chatoyant* en peinture, et de ses efforts et de son ambition pour attraper les *fugitivités* de l'expression d'une figure, de son travail enfin, acharné et sans cesse recommençant, pour tâcher de fixer un peu du moral d'un être sur une toile.

Puis il nous entretient de ses longs mois de captivité à Dresde, et est amusant dans la peinture de ses camarades, qu'il nous représente en leur blouse bleue et leurs sabots, tout semblables à des facteurs ruraux l'été — et cela pendant qu'il gelait à pierre fendre. Il nous renseigne aussi sur la médiocre nourriture qu'on leur donnait dans les premiers temps, qui était de la soupe au millet. Il a dans le récit un comique froid, particulier et assez désarçonnant pour les interrogations ingénues, et comme il déclarait qu'au fond les prisonniers n'avaient pas eu à se plaindre des Allemands, et qu'une dame, qui se trouvait là, lui disait : « — Alors on a été très aimable avec vous? — Oh! Madame, on n'est pas aimable avec 25 000 hommes ! »

Mardi 24 février. — Ce matin, à propos du patriotisme de Renan, je reçois une carte postale signée : « *Un patriote français vainqueur à Coulmiers (9 novembre 1870)* me disant : « L'article du 15 septembre 1870 de la *Revue des Deux Mondes*, signé Renan, connu plus tôt, eût, peut-être empêché son élection à l'Académie française, car cet article antifrançais, n'était pas fait pour encourager les soldats de l'armée de la Loire, qui, comme moi l'ont lu à Orléans, avant de marcher à l'ennemi. »

Mercredi 25 février. — A midi, enfin arrive une dépêche de la comtesse Greffulhe, qui m'annonce d'une manière positive, que l'Impératrice de Prusse ne viendra pas décidément chez moi, ce qui me comble de joie, vu que dans l'état des esprits et le mouvement d'éreintement de ma personne, cette visite aurait fait demander ma tête.

Samedi 28 février. — Au milieu de l'embêtement de ces jours-ci, une petite satisfaction, je lis dans un journal d'art, qu'à Londres, dans la galerie de *Burlington Fine Arts club*, est exposée une collection d'eaux-fortes françaises, où parmi les œuvres des aqua-fortistes les plus illustres, figurent les eaux-fortes de mon frère, et où se trouve le « Taureau » de Fragonard.

Dimanche 1ᵉʳ mars. — Dire dans ce moment, que parmi ces directeurs du boulevard, au bord d'une faillite, je n'en ai pas trouvé un qui ait eu l'idée de jouer sa dernière carte sur la Patrie en danger, et tenté l'aventure d'opposer une pièce à Thermidor.

Mardi 3 mars. — Dîner d'hommes politiques chez Charpentier.

Constans raconte sur son séjour en Chine, des choses assez curieuses. Je me rappelle cette anecdote. Son cocher ayant insulté le marquis Tseng, eut le choix entre une amende ridicule et cinquante coups de bambou. En sa qualité d'humain exotique, dénué de système nerveux, il préféra les coups de bambou.

La pensée de Constans est que la Cochinchine, bien administrée, rapporterait dans quelques années cent millions ; mais il nous donne connaissance de mesures extraordinaires, d'ordres imbéciles venus de Paris, et imposés par des tout-puissants du ministère, ne se doutant pas ce que c'est un pays de là-bas.

Constans méridional, Floquet méridional, Daudet méridional, le musicien Chabrier, qui dînait, méridional... Ah ! ce pauvre Nord est-il battu en ce moment par le Midi !

Dimanche 8 mars. — Daudet me confiait qu'il avait cherché ces jours-ci à retrouver dans sa mémoire son enfance, et que la légende qui faisait de lui, à cette époque, un catholique fervent, était une légende. C'était, disait-il, le coquet surplis avec lequel il servait la messe, l'élégante calotte qu'il avait sur ses cheveux bouclés, les compliments sur sa charmante petite personne, les louanges sur sa jolie voix de *ténorino*, qui lui donnaient l'air d'un enfant confit en dévotion.

Mardi 10 mars. — Hayashi m'apporte aujourd'hui une traduction des passages importants des MAISONS VERTES d'Outamaro.

Je lui parle des biographies, avec lesquelles je voudrais faire mon art japonais du xviiie siècle, lui citant les noms de Ritzouo et de Gakutei.

De Ritzouo, il me raconte ceci. Il a débuté en vendant, sur le pont de Riôgoku (le Pont Neuf de la Soumida à Yedo) des bouts de bois ornementés, mais d'une ornementation très économique, parce qu'il manquait absolument d'argent. Et en même temps il faisait des dessins en plein air. Un jour qu'il avait sa petite exposition devant lui, passait le prince de Tsugarou, qui regardait l'étalage, et lui disait d'envoyer chez lui tous ses morceaux de bois. Et il travaillait un temps pour le prince, ornant alors ses travaux de bois, de belles et riches matières, et en faisant de somptueux objets d'art que collectionnait le prince, et dont il faisait cadeau aux *daïmio*, ses amis. Et le prince le prenait en telle affection, qu'il voulait en faire son *ronin*. Mais arrêté dans son désir par le caractère de ses œuvres, qui étaient les œuvres d'un artisan, et non d'un poète ou d'un savant, il lui demandait une fois, s'il n'avait pas un autre talent que celui d'ornemaniste. Ritzouo, à la demande du prince, répondait qu'il était un savant militaire, un tacticien. Le prince le faisait alors interroger par le tacticien attaché à sa maison, qui venait trouver le prince, tout stupéfait de la science militaire de Ritzouo, et lui demandait de le prendre comme tacticien en titre, heureux d'être son second.

De Gakutei, de l'artiste des *sourimono*, du dessinateur de la femme sacerdotale, Hayashi me raconte cela. C'était un littérateur, un littérateur donnant ses inspirations à Hokousai, et qui à la fin fut si charmé, si séduit par son talent, qu'il devint peintre et se fit son élève.

Jeudi 12 mars. — En rentrant chez moi, enfin une lettre qui m'apporte une bonne nouvelle, une lettre de l'Odéon me demandant des brochures, pour commencer les répétitions de la reprise de GERMINIE LACERTEUX.

Vendredi 13 mars. — Je lis ce soir, dans un journal, la mort de ce vieux camarade de lettres, de

Banville. Diable, diable, les gens de mon âge s'en vont autour de moi. Il faut cette année pousser les préparatifs de sa sortie de scène. Au fond, malgré du froid arrivé entre nous, je lui suis resté et lui reste toujours reconnaissant de son article sur mon frère.

Samedi 14 mars. — Ce matin, chez Bing, été voir l'exposition Burty. Le feu a l'air d'être à la vente. Voici, je crois, le japonisme lancé, et qui va partir pour les gros prix, comme j'ai vu partir l'estampe et le dessin français du xviii° siècle.

Aujourd'hui se vend ma collection de livres dans la vente Burty. J'avoue que j'aurais aimé assister à la vacation, mais c'est vraiment gênant de se voir vendre. Et cependant je me demande, avec une certaine anxiété, ce qu'a pu se vendre le manuscrit de Madame Gervaisais que j'avais donné à Burty, le seul manuscrit qui existe des romans des deux frères : les autres ayant été brûlés par nous. Je sais que Gallimard a donné une commission de 3 000 fr. à Conquet.

Dimanche 15 mars. — Une nuit d'insomnie. Ce matin, un moment d'endormement trouble, dans lequel j'ai rêvé ceci. Je me trouvais avoir couché dans une localité inconnue de la banlieue, et j'avais besoin le matin d'assister à un enterrement à Paris, — c'était sans doute la préoccupation de l'enterrement de Banville. — En descendant l'escalier, pendant que je me demandais, où je pourrais trouver une voiture, je me rappelais qu'il me semblait avoir vu le bas de la maison occupé par un loueur. Et, en effet, comme si je l'avais demandé, au moment où je posais le pied sur la dernière marche, un vieux landau s'engageait à reculons devant moi, dans l'allée resserrée entre de hauts murs, et si étroite que je ne pouvais voir l'attelage, — et l'allée, longue, longue, ne finissait pas. Enfin, à la sortie de l'allée, alors que le landau tournait dans la rue, et que la portière m'était ouverte, je m'apercevais que le landau était attelé de huit cochons noirs, qu'avec de grandes guides, et un peu à la façon de la voiture des chèvres des Champs-Élysées, menaient deux hommes ayant, moitié l'aspect de postillons de Longjumeau, moitié l'aspect de toréadors. Et j'avais une terrible dispute avec ces hommes qui soutenaient que j'avais pris la voiture, tandis que moi, avec un peu de la lâcheté qu'on a dans les rêves, je m'excusais en disant, que j'avais cru que la voiture était attelée avec des chevaux, et que ce serait trop ridicule d'arriver à un enterrement devant la porte de l'église, avec un attelage comme le leur.

Au *Grenier*, on cause de Huysmans qui se dit malade, inquiété par des espèces d'attouchements frigides le long de son visage, presque alarmé par l'appréhension de se sentir entouré par quelque chose d'invisible. Est-ce qu'il serait par hasard victime du succubat qu'il est en train de décrire dans son roman? Puis une terreur secrète est en lui, de ce que son chat qui couchait sur son lit, ne veut plus y monter, et semble fuir son maître.

Le chanoine de Lyon qui lui a donné des renseignements sur la *messe noire*, dit-il, lui a écrit que ces choses devaient lui arriver, et chaque jour, il lui mande ce qui suivra le lendemain, avec accompagnement d'ordonnances anti-sataniques pour s'en défendre.

Lundi 16 mars. — Un article de Mirbeau dans l'*Écho de Paris*, prenant ma défense contre M. de Bonnières, un article du tact le plus délicat et de la méchanceté la plus distinguée. C'est à l'heure qu'il est, le seul valeureux dans les lettres, le seul prêt à compromettre un peu de la tranquillité de son esprit, le seul prêt à se donner un coup de torchon. Ç'a été mon seul défenseur, mon seul champion, quant aux habitués de mon *Grenier*, pas un n'a dépensé pour moi une *plumée* d'encre.

Vendredi 20 mars. — Dernière répétition de Germinie Lacerteux. Très grand caractère, le nouveau décor du cimetière Montmartre, exécuté d'après l'aquarelle de mon frère. Je ne sais décidément pas si la pièce est bonne ou mauvaise, mais pour moi, c'est un fort emmagasinement d'émotions dramatiques.

Ce soir, au dîner des Spartiates, on soutenait que l'homme de l'Occident, était une individualité plus entière, plus détachée, plus en relief sur la nature, moins mangée par l'ambiance des milieux, par cela même une individualité plus déteneuse d'une volonté propre que l'homme de l'Orient, dont l'individualité est comme perdue, fondue, noyée, dans le grand Tout, en son exubérance de végétalité et d'animalité, et faisant de l'homme de là-bas la proie du nirwanisme, de cette lâche et souriante veulerie d'une volonté, qui semble avoir donné sa démission, devant le rien qu'est l'humanité en ces contrées exotiques.

Et un dîneur disait à ce sujet une chose curieuse. Il déclarait que lui, resté un fervent catholique, sur cette terre, il sentait un peu mourir chez lui l'idée religieuse, ne croyant plus que Dieu pût s'intéresser à la prière de l'animalcule qu'il lui semblait être, en cette poussée incessante et ce fourmillement de création!

Samedi 21 mars. — A huit heures et demie, nous partons avec les Daudet, pour assister à la reprise de GERMINIE LACERTEUX. J'avoue que j'ai une petite émotion, et un peu peur que la bataille de la première ne recommence. Non, les tableaux défilent, et pas un oh ! pas un mouvement de répulsion, pas un timide chuchotement, pas un sifflet. Des trois rappels à chaque acte. Il n'y a de désapprobateur dans la salle, que la grosse tête de Sarcey jouant l'ennui.

Du reste, sauf le tableau du bal, qui manque de cohésion, jamais GERMINIE LACERTEUX n'a été jouée comme cela. Dumény est tout à fait entré dans la peau et la canaillerie de Jupillon. Mme Crosnier qui ne laisse plus tomber les pénultièmes de ses mots a apporté dans son rôle, une énergie, une verdeur, une puissance qu'elle n'avait pas encore déployées. Réjane a été admirable : elle a dit la scène de l'apport de l'argent comme la plus grande artiste dramatique, ainsi que l'aurait pu dire Rachel.

Lundi 23 mars. — Le raccrochage sur les quais l'hiver.

Une femme noire, immobilisée par le froid, sous un ciel, où la lune met un rayonnement blême dans le moutonnement des nuages couleur de suie, près de cette eau morne aux lueurs saumonées, trémolentes sur la fluctuation lente du fleuve, — près de cette eau de suicide, qui semble appeler à elle.

Mardi 24 mars. — C'est un épanouissement, une

gaîté, une joie à l'Odéon, qui descend de l'auteur aux machinistes. Ah! le succès au théâtre, quelle atmosphère, ça fait, quelle griserie, ça apporte à tout le monde. Puis cette salle autrefois si rétractile, si éplucheuse des mots elle applaudit, à tout rompre. Crosnier qui a joué médiocrement ce soir, me disait, avant le tableau du concierge : « Ah! il y a des jours, où on joue comme on ne joue qu'une fois... samedi, aux applaudissements de la salle, j'ai eu le sentiment que je jouais, comme je n'avais jamais joué... Quand je suis rentrée dans ma loge, j'avais les yeux tout brillants, et ma fille m'a dit : « Ah! tu sais, ma-« man, il ne faut pas te donner toute, ainsi que tu l'as fait ce soir... » Eh bien! aujourd'hui, non, c'est vrai, je ne suis pas la femme de samedi ! »

Jeudi 26 mars. — Au cimetière, où je vois poser la dalle de granit sur la tombe de mon frère.

Ce soir, Rosny qui vient de lire, chez Antoine, NELL HORN, faite en collaboration avec son frère, nous parle de ce frère. Il nous le peint comme un esprit de la même famille que le sien, comme un mystique, mais avec une touche mélancolieuse, venant d'une santé plus frêle, d'une nature plus délicate. Il a pris un moment une autre carrière que la littérature, mais cette carrière ne lui allait pas, et il est revenu à la littérature, mais il n'a voulu collaborer avec Rosny, que lorsqu'il s'en est trouvé digne.

Rosny ajoute que les deux frères ne pouvaient se faire la guerre, c'est-à-dire travailler, chacun de leur côté, et que cela l'a décidé à lui donner l'hospitalité dans son talent.

Vendredi 27 mars. — Ah! qu'on est malheureux, d'être comme je suis, d'avoir des nerfs qui me font tout percevoir du dedans des gens qui m'entourent, ainsi qu'un corps souffreteux reçoit inconsciemment l'impression des températures ambiantes, en leurs moindres variations. Ainsi je sens parfaitement, au son de la voix de mes amis, les choses dites pour m'annoncer de vraies et positives bonnes nouvelles, et les choses dites pour m'être agréable, pour panser des blessures, les choses de gentille amabilité qui sont des compliments à côté de la vérité.

Jeudi 2 avril. — Après un morceau sur les érotiques japonais, ainsi qu'après tous les morceaux que je travaille un peu, il me semble ressentir comme une déperdition cérébrale, comme un vide laissé dans ma tête par quelque chose qui en serait sorti, et aurait été pompé par le papier de la copie.

Dîner chez Zola, dîner qu'il donne pour l'anniversaire de sa naissance. Il a aujourd'hui 51 ans.

Un moment, Daudet a été joliment verveux. Il a dit le remarquable *marchand de bonheur* qu'il ferait ; assurant qu'il savait très bien le bonheur qu'il fallait à chaque homme, après l'avoir interrogé sur son tempérament, ses goûts, son milieu.

Samedi 4 avril. — Je crois vraiment, que lorsqu'on sait regarder, découvrir tout ce qu'il y a dans une image, on n'a pas besoin d'aller dans les pays à images. Ainsi aujourd'hui, ayant sous les yeux une image de Toyokouni, représentant le bureau d'une *Maison Verte*, d'une maison de prostitution, et me faisant donner une explication japonaise de tous les objets, grands ou petits, garnissant ce bureau, j'avais la conviction que j'apporterais au lecteur, avec ma description, une sensation du rendu de l'endroit, tout aussi photographique, que la donnerait une description d'après nature de Loti.

Dimanche 5 avril. — C'est curieux, pendant que vous êtes à travailler dans votre cabinet, en le silence de cette banlieue endormie, le rappel qui se fait soudain, dans votre cervelle occupée ailleurs, qu'on joue GERMINIE LACERTEUX à l'Odéon, avec ce sentiment complexe, où se mêle à la fois du regret et de la satisfaction de n'y être pas.

Mardi 7 avril. — Oui, elle persiste même chez les vieux, l'allégresse intérieure, éprouvée en se couchant, après une bonne journée de travail.

Vendredi 10 avril. — Dans ce moment, une vie absolument en dehors de la vie réelle, et toute remplie par la contemplation de l'objet et de l'image d'art, produisant une espèce d'onanisme de la rétine et de la cervelle, un état physique d'absence et de griserie, où l'on échappe aux embêtements moraux et aux malaises physiques.

Samedi 11 avril. — La liberté et le bon marché de la vie, c'est ce que devrait nous payer un gouvernement républicain.

Or, le gouvernement républicain de l'heure actuelle en fait de liberté, a adopté les mesures liberticides des anciens gouvernements. Je ne citerai que la censure théâtrale... Quant au bon marché de la vie, l'existence à Paris, et même en province, a presque décuplé depuis Louis-Philippe, en grande partie par la grande prépondérance donnée par le gouvernement à la société juive, et cela parallèlement à la diminution de la rente, à la baisse des fermages : les deux capitaux et les deux revenus des Français, qui ne sont pas juifs, qui ne sont pas tripoteurs d'argent.

Dimanche 12 avril. — Ce soir, à dîner, la conversation est allée, je ne sais comment, au Neveu de Rameau, et témoignant mon admiration pour cette merveilleuse improvisation dans cette langue grisée, avec ces changements de lieux, ces brisements de récits, ces interruptions brusques et soudaines de l'intérêt, je comparais ce livre, au livre de Pétrone, au festin de Trimalcion, avec ses trous, ses lacunes, ses pertes de texte.

Je trouvais Daudet triste, très triste, et il me disait que tant qu'il a eu des jambes, tant qu'il pouvait aller, marcher, quoi qu'il pût craindre, il y avait chez lui une tranquillité d'esprit, parce qu'il tenait si peu à sa peau... mais que maintenant, il se sentait mal à l'aise moralement, inquiet, tourmenté par l'idée de ne plus se sentir le défenseur de sa maison, le protecteur des siens.

Mercredi 15 avril. — Paul Alexis, de retour de sa province, vient m'apporter un exemplaire sur papier de Hollande de Madame Meuriot. Le pauvre garçon n'a pas hérité. Le peu qui lui est échu de son père, il l'a laissé à sa mère, et le voilà condamné, le paresseux et lambin plumitif, à gagner sa vie ainsi qu'auparavant.

Il m'entretient de ses projets littéraires. Il veut d'abord sous le titre du Cousin Tintin, faire une nouvelle, puis une pièce pour Baron, de l'histoire d'un faux testament fabriqué par la sœur d'un défunt. Il roule encore dans son esprit le roman d'une jeune fille, élevée au Sacré-Cœur, un Sacré-Cœur de province, un roman documenté par les conversations de sa mère et de sa sœur, et dont le premier chapitre lui aurait été inspiré par la morphinomane, assassinée ces jours-ci. Oui, il montrerait la mère amenant l'enfant au couvent, et abrégeant les adieux par la hâte qu'elle a de se morphiner... Alors viendrait l'étude de l'élevage de la jeune fille, puis sa sortie, le jour où sa mère serait assassinée, puis sa rentrée au couvent : une existence qui n'aurait qu'un jour de la vie du monde.

Dimanche 19 avril. — A propos de son livre sur la Bonté, qu'annonce Rosny, Daudet me parle ce soir, de la privation grande qu'il éprouve maintenant à ne plus faire la charité, depuis qu'il ne marche plus : « Oui, dit-il, en répondant à sa femme qui lui rappelle les bonnes œuvres qu'ils font ensemble, oui, c'est vrai, mais ce n'est plus cela, dans ces bonnes œuvres, je ne joue plus le rôle de la Providence, de l'être surnaturel, si tu le veux, apparaissant au miséreux, au routier que je rencontre sur mon chemin. »

Et il raconte alors, de la manière la plus charmante, avec de l'esprit donné par le cœur, l'affalement, la nuit tombée, du routier éreinté devant la fontaine faisant face à la maison de son beau-père, à Champrosay, et son incertitude angoisseuse en tête des deux chemins du carrefour, interrogeant du regard, l'un et l'autre, et se demandant celui au bout duquel il y avait l'espérance de manger et de coucher, puis, son *aventurement* dans l'un, puis dans l'autre, et son retour découragé au bout de quelques pas... Alors, dans ce moment, Daudet penché derrière les persiennes fermées, mettait une pièce de cent sous dans du papier, et la jetait. Vous voyez la stupéfaction du malheureux devant la grosse pièce d'argent trouvée dans le papier, et son interrogation de la maison noire et silencieuse, et les coups de casquette saluant au hasard les fenêtres, et son décampement, sa subite disparition dans le premier chemin venu, de peur qu'on ne se soit trompé et qu'on ne le rappelle.

Lundi 20 avril. — Les Japonais même intelligents très intelligents, n'ont pas le sentiment de la construction, de la composition d'un livre historique. Ainsi pour mon travail sur Outamaro, quand j'ai demandé pour la première fois à Hayashi : « Est-ce qu'il existe un portrait d'Outamaro ? — Non, » m'a-t-il répondu tout d'abord. Ce n'est que lorsque je suis revenu à ma demande, qu'une fois il m'a dit : « Mais je crois en avoir vu chez vous, dans un recueil que vous avez. » Et c'est comme cela, que j'arrivais à faire connaître ce fameux portrait de l'artiste, authentiqué par son nom sur sa robe, et par l'inscription du poteau auquel il est adossé et qui porte : *Sur une demande, Outamaro a peint lui-même son élégant visage.* Dans le livre des MAISONS VERTES, je voyais une planche représentant des femmes du Yoshiwara, en contemplation devant la lune, par une belle nuit d'été, et l'écrivain du livre affirmait que ces femmes avaient un très remarquable sentiment poétique. Cette affirmation m'amenait à demander à Hayashi, si par hasard il n'existerait pas quelque part des poésies imprimées de ces femmes : à quoi il me répondait que si, qu'il y avait un gros recueil très connu, et sur ma demande m'en traduisait quatre ou cinq caractéristiques, — ce qu'il n'aurait jamais songé à faire, si c'était lui qui avait fait le travail que j'ai fait, et ainsi de tout.

Mardi 21 avril. — Le baron Larrey me parlait de la connaissance qu'il avait faite de Dumas père, pour l'avoir présenté à son père, auquel il avait demandé la permission de le mettre en scène, dans une pièce sur Bonaparte.

A quelque temps de là, à une représentation du Théâtre-Français, il tombait, dans un coin, sur la bonne tête et la grosse lippe de Dumas, qui s'offrait à lui montrer les coulisses. Et il était présenté à Rachel, qui après lui avoir donné une poignée de main, prenait son rôle, et c'étaient des *heu, heu*, à la fin de quoi elle s'écriait : « Ça y est... ça y est ! » absolument comme une petite fille expédie son catéchisme. C'était pour lui une désillusion sur la grande artiste, et en sortant, il jetait à Dumas : « Je ne vous remercie pas ! »

Il a été témoin de ce fait. Un jour que Dumas l'avait fait appeler, se croyant souffrant, et qu'il était au lit, on introduisait un pauvre journaliste nécessiteux de Marseille, qui venait lui demander des recommandations pour des journaux de Paris. Il lui promettait quand il serait levé, ajoutant : « Mais en attendant que ça réussisse, il faut vivre, n'est-ce pas, Monsieur ? Eh bien, il y a trente francs sur la cheminée, prenez-en quinze. »

Jeudi 23 avril. — J'ai dans mon bassin, un petit poisson malade, que tous les autres viennent, à deux ou trois, faire chavirer sur le côté, et enfoncent férocement au fond de l'eau, lui faisant une agonie abominable. Je l'ai retiré pour qu'il mourût en paix dans un bain de pied. La mise à mort du malade, ce n'est donc pas seulement chez les poules, c'est chez tous les animaux, et encore chez le sauvage, et un peu chez le paysan.

Ce soir, je causais avec Carrière, et comme il me parlait de l'importance de l'enveloppe des contours d'une figure, à ce propos je lui disais la place donnée à la beauté des joues dans les descriptions de l'antiquité, et dans le modelage de caresse de la sculpture grecque, puis du rien, pour lequel elle est comptée aujourd'hui dans nos deux arts. Trouverait-on, à l'heure qu'il est, dans une description de figure de femme de n'importe quel roman, la mention de la délicatesse, de l'élégance d'une joue ?

Vendredi 24 avril. — Le sculpteur Lenoir, me parlait aujourd'hui de l'état de délaissement, où était tombée la pauvre Joséphine, en ses vieux jours, et me contait que son père, déjeunant avec son grand-père à la Malmaison, le sel manquant sur la table, la ci-devant Impératrice avait été obligée de dire à son père, encore jeunet : « Mon petit, lève-toi, et dis à Jean d'apporter le sel. »

Samedi 25 avril. — Hier, visite à la comtesse Greffulhe. On m'a fait monter dans un grand salon aux boiseries dorées, égayé par un admirable meuble de Beauvais, aux bouquets de fleurs les plus papillotantes sur un fond crème, un meuble au nombre incroyable de fauteuils, de chaises, de grands canapés, de délicieux petits canapés pour tête-à-tête. Dans la pièce éclairée *a giorno*, la comtesse arrive bientôt décolletée, dans une robe noire, aux espèces d'ailes volantes derrière elle, et coiffée les cheveux très relevés sur la tête, et surmontés d'un haut peigne en écaille blonde, dont la couronne de boules fait comme un peigne héraldique. Là dedans, au milieu de ce mobilier d'un autre siècle, l'ovale délicat de son pâle visage, ses yeux noirs doux et profonds, la sveltesse de sa personne longuette, lui donnent quelque chose d'une apparition, d'un séduisant et souriant fantôme; caractère que je retrouve dans son portrait pastellé par Helleu.

Elle est très au courant de ce qui s'imprime, et de ce qui s'imprime de très littéraire, et elle en parle avec simplicité, sans le moindre étalage de bas-bleu. Elle veut bien me dire le plaisir qu'elle éprouve à me lire, et son étonnement de la résistance à l'admiration pour mes livres, dans sa société. Elle est émerveillée de la connaissance que j'ai de la femme, et me cite le passage, où je décris le côté ankylosé que prenait le côté droit ou le côté gauche de la Faustin, quand ce côté se trouvait près d'un *embêtant*, déclarant qu'elle sent en elle, comme une dilatation de son être près d'une personne sympathique. Elle ajoute, que je devrais bien faire dans un roman une femme de la société, une femme de la grande société, la femme qui n'a encore été faite par personne, ni par Feuillet, ni par Maupassant, ni par qui que ce soit, et que moi seul — c'est la comtesse qui parle — je pourrais faire, et que je n'ai pas faite dans CHÉRIE, parce que Chérie est une jeune fille de la société de l'Empire, une jeune fille de cette société bourgeoise, aux femmes, *les coudes ramassés contre le corps...* et la comtesse me fait joliment la caricature du geste non naturel et contraint, avec lequel les femmes croient faire de la dignité, disant que lorsqu'elle voit faire ce geste à une femme, elle sait d'avance ce qu'elle pense, ce qu'elle va dire.

Tout cela est dit, avec une parole légère sans appuiement, des mouvements d'un dessin élégant, et dans la pose et l'attitude doucement dédaigneuse, qu'elle me donne à peindre.

Puis la comtesse, prenant une lampe à la main, me fait voir les tapisseries de Boucher de la salle à manger, le portrait de Mme de Champcenetz peint par Greuze, un groupe d'Amours en marbre provenant du château de Ménars, qu'a possédé son beau-père, — et qui aurait échangé le mobilier de la chambre de Mme de Pompadour contre un mobilier d'acajou.

Je prenais congé de la gracieuse femme, au moment où elle me disait qu'elle me porterait un jour un volume d'histoires, racontées par sa petite fille à l'âge de cinq ans, pendant qu'elle était à sa toilette : histoires d'un caractère très original, inventées par l'enfant, au moment où elle ne savait ni lire ni écrire et qu'elle a fait copier dans un volume par un homme de ce temps, qui a l'écriture de Jarry.

Lundi 27 avril. — J'ai reçu, ce mois, un envoi touchant : j'ai reçu dans une grande enveloppe des feuilles qui ont l'air de feuilles argentées et dorées, des feuilles cueillies dans les forêts de l'Amazone, par un enthousiaste littéraire du Brésil, qui me les adresse pour les déposer sur la tombe de mon frère.

C'est amusant ce travail japonais d'Outamaro, ce transport de votre cervelle, au milieu d'êtres, aux habitudes d'esprit, aux histoires, aux légendes d'une autre planète : du travail ressemblant un peu à un travail fait dans l'hallucination d'un breuvage opiacé.

Ce soir, au Théâtre-Libre, le CANARD SAUVAGE d'Ibsen... Vraiment, les étrangers, la distance les sert trop... Ah! il fait bon être Scandinave... Si la pièce était d'un Parisien... Oui, oui, c'est entendu, du dramatique bourgeois qui n'est pas mal... mais de l'esprit à l'instar de l'esprit français, fabriqué sous le pôle arctique... et un langage parlé, quand il s'élève un peu, toujours fait avec des mots livresques.

De petites filles passent sur le boulevard, de petites filles de sept à huit ans, qui déjà, inconsciemment, font l'œil aux messieurs attablés à la porte des cafés, et je vois une mère obligée de ramener à elle l'attention de sa fifille, en l'enveloppant de la caresse de sa main.

Jeudi 30 avril. — Daudet soutenait, ce soir, que tout ce que Bourget et les autres ont écrit sur Baudelaire, étaient d'absolues contre-vérités. Il affirmait que Baudelaire était un *sublimé* de Musset, mais faisant mal les vers, n'ayant pas l'outil du poète; il ajoutait qu'en prose, il était un prosateur difficile, laborieux, sans ampleur, sans flots, que l'auteur impeccable n'avait pas la plus petite chose de l'auteur impeccable, — mais ce qu'il possédait, ce Baudelaire, au plus haut degré, et ce qui le faisait digne de la place qu'il occupait : c'était la richesse des idées.

Vendredi 1ᵉʳ mai. — Dîner chez Jean Lorrain avec Huysmans, Bauër.

Huysmans porte sur lui le bonheur du succès de son roman : LA-BAS; et ce bonheur chez l'auteur d'ordinaire contracté nerveusement sur lui-même, se traduit par le gonflement dilaté d'un dos de chat, quand il ronronne.

Au milieu du dîner Bauër confesse le journaliste, dans cette phrase : « Quand j'ai un article, où je ne sais que dire, j'écris mes deux cents lignes... mais, quand j'ai un article que je sens, que *j'ai dans les nerfs*, je n'accouche jamais de plus de cent lignes.

Lundi 4 mai. — Exposition de Carrière chez Boussod et Valadon.

Une première impression un peu cauchemaresque : l'impression d'entrer dans une chambre pleine de portraits fantomatiques aux grandes mains pâles, aux chairs morbides, aux couleurs évanouies sous un rayon de lune. Puis les yeux s'habituent à la nuit de ces figures de crypte, de cave, sur lesquelles, au bout de quelque temps, un peu du rose des roses-thé, semble monter sous la grisaille de la peau.

Et au milieu de tous ces visages, vous êtes attiré par des visages d'enfants, aux tempes lumineuses, au bossuage du front, à la linéature indécise des paupières autour du noir souriant de vives prunelles, aux petits trous d'ombre des narines, au vague rouge d'une molle bouche entr'ouverte, à la fluidité des chairs lactées qui n'ont point encore l'arrêt d'un contour, — des figures d'enfants regardées en des penchements amoureux, qui sont comme des enveloppements de caresse, par des visages de femmes aux cernées profondes, aux creux anxieux, aux grandes lignes sévères du dessin de l'*Inquiétude maternelle*.

Mardi 5 mai. — Il fait de l'orage. J'ai contre ma poitrine ma petite chatte, dont le corps est agité par des secousses, comme données par le contact d'une pile électrique, et sur moi, ce n'est plus le regard distrait de la petite bête de tout à l'heure, c'est le regard profond, mystérieux, énigmatique d'une réduction de sphinx.

Jeudi 7 mai. — Grosclaude parlait, ce soir, curieusement de la transformation du jeu, en la mort du noctambulisme. Il disait qu'il n'y avait plus de passionnés, d'*emballés*, qu'on jouait maintenant dans les cercles avant dîner, de cinq à sept heures, et après le spectacle, de minuit à deux heures, pas plus tard. Il ajoute que les joueurs d'aujourd'hui veulent avoir leur sang-froid, et à ces parties, il oppose la partie de jeu d'un de ses jeunes amis d'autrefois, qui avait joué, d'une seule haleine, quarante-six heures de suite.

Je m'élevais, avec une espèce de colère, contre ce mangement de l'esprit français, à l'heure actuelle, par l'esprit étranger, contre l'ironie présente du livre qui n'est plus de l'ironie à la Chamfort, mais de l'ironie à la Swift, contre cette critique devenue helvétienne, allemande, écossaise, contre cette religion des romans russes, des pièces danoises, déclarant qu'autrefois, si Corneille avait emprunté à l'Espagne, il a imposé le cachet français à ses emprunts, tandis qu'aujourd'hui les emprunts que nous faisons dans notre servile admiration : c'est une vraie dénaturalisation de notre littérature.

Jeudi 14 mai. — Daudet nous entretient du plaisir que lui procurait la perspective du danger, et de l'émotion bienheureuse qu'il avait eue, un jour, en tournant la clef d'un hangar de son beau-père, où s'était introduit un voleur de jardin. Il attribue cette disposition de son esprit à la persistance des lectures romanesques de son enfance.

Cette conversation amène Rosny à parler de ses promenades de nuit, de son noctambulisme, dans les endroits réputés les plus dangereux des fortifications, dans les quartiers mal famés de Londres. Il dit que jamais rien ne lui est arrivé qu'une boxe dans le quartier, où il y a la plus grande agglomération de coquins londoniens. Il parlait encore assez mal l'anglais et un de ces hommes lui enfonçait d'un coup de poing son chapeau sur les yeux. Il se mettait à boxer, et il avait heureusement affaire à un Anglais, ne sachant pas boxer, ne sachant pas porter un coup droit. Il le jetait cinq fois par terre, et à la cinquième le boxeur ne pouvait se relever, et restait assis dans un rentrant de porte. Et la bataille se passait au milieu d'un cercle de ses pareils, observant une parfaite neutralité, et se reculant et se rangeant pour laisser le champ aux coups de poing.

Mardi 19 mai. — Chez un individu qui a le goût de l'art, ce goût n'est pas limité seulement aux tableaux ; il a le goût d'une porcelaine, d'une reliure, d'une ciselure, de n'importe quoi, qui est de l'art ; j'irai même jusqu'à dire qu'il a le goût de la nuance d'un pantalon, et le monsieur qui se proclame uniquement amateur de tableaux et *jouisseur d'art* seulement en peinture, est un blagueur qui n'a pas le goût d'art en lui, mais s'est donné par *chic* un goût factice.

Mercredi 27 mai. — La Slave, la Russe, c'est à la fois la sauvagesse des sociétés qui commencent, et la névrosée des sociétés qui finissent.

Une femme me disait ce soir, qu'elle croyait qu'un grand chagrin pouvait mourir dans la paix, le calme, l'isolement de la campagne, mais qu'à Paris, l'enfiévrement de la vie ambiante autour de ce chagrin, ne pouvait que l'exaspérer.

Samedi 30 mai. — C'est horrible à l'Exposition : le crétinisme que prennent les têtes bourgeoises dans le marbre blanc.

Dimanche 31 mai. — Au *Grenier*, la conversation revient encore aujourd'hui, sur la conquête de la littérature française par la littérature étrangère. On constate la tendance de la jeunesse actuelle à n'aimer que le nuageux, le nébuleux, l'abscons, à mépriser la clarté. Et à propos de la révolution opérée dans les esprits, Daudet cite ce fait curieux, c'est qu'autrefois la classe *chic* des humanités françaises était la classe de rhétorique, la classe des professeurs en vue et des élèves destinés à un grand avenir, tandis que depuis la guerre avec l'Allemagne, c'est la classe de philosophie qui possède les intelligences du moment, et les professeurs faisant du bruit, comme Burdeau.

A l'humiliation que Daudet et moi, éprouvons à voir notre littérature, allemanisée, russifiée, américanisée, Rodenbach oppose la théorie, qu'au fond les emprunts sont bons, que c'est de la nutrition avec laquelle s'alimente une littérature, et qu'au bout de quelque temps, quand la digestion sera faite, les éléments étrangers qui auront grandi notre pensée, disparaîtront dans une fusion générale.

Et ces emprunts nous amènent à parler de la roublardise de la jeunesse actuelle, qui dans l'*âge de l'imitation*, n'emprunte point comme ses innocents devanciers à ses vieux concitoyens, mais maintenant détrousse sournoisement les poètes hollandais, américains, inconnus, inexplorés; et fait accepter ses plagiats comme des créations neuves, en l'absence de toute critique, savante, érudite, liseuse.

Avant le dîner, pendant que je suis en tête à tête avec Daudet, il laisse échapper son étonnement admiratif des trois dialogues philosophiques, que va publier son fils, y trouvant, ainsi qu'il le dit, les *extériorités* de son père, et les *intuitions* de sa mère. Et c'est vrai, il y a chez Léon, un amalgame du Nord et du Midi, et le garçon est curieux aussi, parce que c'est un enfant dans la conduite de la vie, et qu'il se trouve avoir une cervelle de l'homme mûr dans les choses de l'intellect. Daudet est surtout très frappé de la quantité et du bouillonnement des idées, dans le livre de son fils.

Arrive Ajalbert, invité à dîner avant son départ pour l'Auvergne, où il va fabriquer le bouquin commandé par la maison Dentu, et tâcher de faire une pièce. Comme on lui reproche de ne pas assez travailler, il nous dit qu'il est le jumeau d'un frère mort, et qu'il se sent seulement une moitié de vie, et qu'il lui faut un effort énorme pour s'entraîner.

Lundi 1er juin. — J'ai eu du plaisir à retrouver dans une interview d'Hervieu, une idée de mon JOURNAL sur l'avenir du roman, à la date du 6 juillet 1856 et qui dit : «... Enfin le roman de l'avenir est appelé à faire plus l'histoire des choses qui se passent dans la cervelle que des choses qui se passent dans le cœur. » Il me semble que c'est là, où va décidément le roman dans ce moment.

Au fond j'aurais pu dire dans mon interview d'Huret: J'ai donné la formule complète du naturalisme dans GERMINIE LACERTEUX, et les livres qui sont venus après, ont été faits absolument d'après la méthode enseignée par ce livre. Maintenant du naturalisme, j'ai été le premier à en sortir, et non par l'incitation d'un succès dans un autre genre à côté de moi, mais par ce goût du neuf en littérature qui est en moi. Et le *psychisme*, le *symbolisme*, le *satanisme* cérébral, ce avec quoi les jeunes veulent le remplacer, avant qu'aucun d'eux n'y songeât, n'ai-je pas cherché à introduire ces agents de dématérialisation dans MADAME GERVAISAIS, LES FRÈRES ZEMGANNO, LA FAUSTIN?

Mardi 2 juin. — Si j'étais plus jeune, je voudrais faire un journal qui s'appellerait : *Deux sous de vérités*.

Lundi 8 juin. — « Oui, l'année prochaine, je serai prêt à recommencer, comme si de rien n'était... mais en ce moment, je suis heureux d'arriver à la fin. » Antoine dit cela, à la fois découragé et exaspéré, en arpentant le théâtre, et donnant les ordres pour la plantation d'un décor, et défendant qu'on le mette en rapport avec je ne sais qui, parce qu'il est dans son état nerveux.

Mercredi 10 juin. — Visite de Poictevin, la cervelle cette fois hantée par les Acadiens, les Touraniens, la race à la fois blanche et cuivrée qui aurait précédé les Ariens et les Sémites, et dont les Bretons seraient une filiation directe. Et c'est une succession de phrases transcendantales « que le péché n'est pas, comme on l'a dit bêtement, la copulation, mais la distraction de l'individu de l'harmonie universelle... que le moi, le moi est tout à fait méprisable, vu que c'est une victime de la subjectivité de l'être, en un monde illusoire... qu'il craint d'être empoigné, comme par une pieuvre, par la subtilité des causes occultes.., qu'il s'est fait un changement en lui, que les formes littéraires ne sont rien, qu'il donnerait tout ce qu'il a écrit pour une page de Normand... »

Enfin il se lève pour prendre congé, me disant qu'il aimerait bien à se retrouver avec moi, là-haut, que ce serait surtout agréable de se rencontrer dans *Sirius*, la planète à la blancheur incandescente.

Samedi 13 juin. — A un japonais comme moi, c'était vraiment dû. Il semble à Pélagie apercevoir la chatte, passer comme un éclair dans l'escalier; au bout de quelques instants, elle va voir, où elle peut être cachée, et elle la retrouve sur son séant, avec un ronronnement d'orgue, en contemplation devant une vitrine de poteries japonaises.

Chez l'animal, il est un bonheur, un bonheur fait de ceci, c'est que jamais le « *Linquenda tellus* » d'Horace, ne lui traverse la cervelle, et que la mort le frappe, sans qu'il sache qu'elle existe, tandis que, ce soir, accoudé à la barre d'une fenêtre, au-dessus de l'odeur des roses de mon jardin, je pensais à cette obligation.

Lundi 15 juin. — J'ai eu aujourd'hui en pleine rue, le compliment qu'un vieux, comme moi, peut avoir d'une femme. Je passais en voiture découverte sur le boulevard Saint-Michel. En ce moment traversaient la chaussée, trois ouvrières, dont l'une, ma foi, qui était très gentille, dit à ses camarades, en me touchant presque de la main : « Voilà l'entreteneur que je rêverais ! » Je me rendais au Jardin des Plantes, pour le dîner que fait à quatre heures et demie, tous les deux mois, le boa.

Je suis exact, et j'ai devant moi le monstre de dix mètres, en son immobilité morte, avec ses écailles ternes, ses yeux en verre décoloré, une tache blanchâtre de moisissure sur la tête, comme il en vient aux serpents empaillés au plafond des vieux musées de province.

Et l'on jette dans la cage de verre, un petit agneau blanc, au poil frisé, qui dans son innocence va flairer le serpent, tout prêt à jouer avec lui. Soudain le serpent mort, le serpent empaillé, se détendant comme un ressort d'acier, saisit la joueuse petite bête par une patte, et en une seconde, sans que l'on puisse bien se rendre compte de ce qui s'est passé, tant la chose est rapide, l'agneau qui n'a eu que le temps de jeter deux ou trois bêlements, est culbuté, enroulé, immergé, disparu, n'ayant plus au-dessus de lui qu'une pauvre patte agitée par de mortels gigotements qui vont en diminuant, jusqu'à ce qu'elle vienne raide immobile, dans le resserrement des anneaux énormes du serpent.

Et pendant ce travail de compression et d'étouffement, une vie de flamme est venue aux yeux du serpent, le terne de sa peau a disparu sous un vernissage comme produit par une petite suée, qui fait les squames de son dos pareilles à de l'écaille blonde, semée çà et là, de ronds noirs semblables à des armoiries de shoguns japonais, tandis que les squames jaunâtres du ventre se nuancent du beau jaune impérial d'un émail chinois.

Alors la gueule du monstre s'ouvre, et la patte par laquelle l'agneau a été saisi, va rejoindre en l'air, tout ensanglantée, l'autre patte ; et le serpent resté un moment immobile dans son enroulement, de sa gueule qui a le rose pâle de l'ouïe d'un poisson, fait jaillir le dardement de sa petite langue fourchue, au scintillement noir, du noir d'une sangsue.

Puis, alors commence la recherche de la tête de l'agneau, que dans sa stupidité de reptile, le serpent ne sait plus être sous lui, une recherche qui n'en finit pas, et coupée par des repos, des endormements, où il n'y a d'éveillé en lui, que le petit scintillement noir de sa langue fourchue : cela au milieu du resserrement de ses anneaux, laminant le petit corps, qui ne semble plus qu'une toison fripée, sans rien dedans.

Enfin un grand déroulement du serpent, fait dans une lente exploration de sa cage, laisse voir la petite tête comme allongée, comme amaigrie de l'agneau... et l'on croit que le serpent va l'engloutir, cette fois, mais il passe à côté, et se coule, rampant à droite à gauche, par moments se dressant droit à une hauteur de trois ou quatre pieds, tout rigide, et surmonté de cette tête carrée, aux terribles protubérances des mâchoires, lui donnant, à contre-jour, l'apparence d'un formidable serpent d'airain.

Mais il est six heures. Voilà une heure et demie, que le boa cherche la tête de l'agneau, distrait, dit l'homme Jardin des Plantes, par le monde qui l'entoure. Ça peut être encore long, ma foi, je m'en vais.

Mardi 16 juin. — Toutes les fois que j'ai été au Jardin des Plantes, j'ai été frappé de la rencontre, qu'on y fait de femmes, bizarres, originales, excentriques, exotiques, inclassables, et que le contact avec l'animalité de l'endroit semble disposer aux aventures de l'amour physique.

Aujourd'hui a paru Outamaro, le peintre des MAISONS VERTES.

Samedi 20 juin. — C'est étonnant comme la même situation, en des temps divers, donne lieu aux mêmes paroles. Le marquis de Varennes racontait, ce soir, chez Gavarni, que son grand-père ou son grand-oncle, emporté tout enfant dans les bois, à un moment de la Terreur, avait dit timidement : « Puis-je parler ici ? » C'est la même parole que celle de Léon Daudet, lors de l'invasion de la maison de Champrosay disant : « Puis-je me réveiller maintenant ? »

Le marquis de Varennes disait aussi que l'expression populaire : « Ne crie donc pas comme ça, tu vas nous faire prendre ! », était une expression venant de la Terreur.

Dimanche 21 juin. — Hermant qui arrive de Moscou, disait assez spirituellement, et peut-être assez justement des Russes : « Oui, ils sont charmants, mais un peu étonnés de la grandissime sympathie qu'ils trouvent chez nous pour eux, sans l'éprouver pour nous ! »

Jeudi 25 juin. — Quelqu'un de bien renseigné, me parlant des fonds secrets, m'apprenait qu'il n'y avait pas seulement le *mandat jaune*, qui exigeait une signature, et où la signature certifiait la somme donnée, mais qu'il y avait l'argent d'un certain tiroir du ministère, donné de la main à la main, et qu'il croyait être l'argent avec lequel vivaient deux ou trois hommes politiques : argent dont le ministre ne spécifie la destination que sur une feuille de papier, qu'il met sous les yeux du Président de la République, lorsqu'il quitte le ministère. Et le papier est déchiré ou brûlé dans la visite.

Mardi 30 juin. — C'est curieux ces moments d'enragement, tout pleins en leurs ardeurs batailleuses d'une heure, de plans, de projets, de combinaisons agressives, puis l'heure passée, ces fièvres cérébrales sont mortes, éteintes, et c'est en vous une aspiration à la bonasserie d'une vie littéraire, n'apportant aucun embêtement.

Il y a en bas de mon perron, un Amour en bronze, sur un piédestal en marbre du Languedoc. Et c'est un amusant spectacle, par ces temps de chaleur, de voir la petite chatte y chercher le frais, le ventre étalé sur le marbre aux pieds de l'Amour. Puis, après une longue sieste, et force bâillements et force étirements, reprise au réveil de sa folie de jouer : la voilà s'adressant à l'enfant de bronze, lui faisant toutes les agaceries possibles, et se remettant un moment le ventre au frais, et revenant encore une fois à l'Amour, et cette fois, dépitée, découragée, l'abandonnant pour tout de bon, en passant entre ses jambes, avec un gros dos courroucé.

Jeudi 2 juillet. — Dans la vie littéraire, il y a une chose délicate, c'est le contact avec les critiques éreinteurs : leur faire grise mine, ce n'est pas distingué, être aimable avec eux, ça a quelque chose de plat. Aussi je veux donner de mon journal, dans les volumes qui paraîtront encore, donner sur Sarcey et les autres, des extraits tels, que nous puissions nous donner entre gens similairement éreintés, des poignées de main, d'égaux à égaux.

Vendredi 3 juillet. — En littérature, je crois qu'il est possible à un homme, non doué littérairement, d'acquérir un certain tact de la matière. Mais en musique et en peinture, le non doué musicalement ou picturalement est condamné à n'avoir jamais le sentiment intelligemment raffiné de la musique ou de la peinture. Ce sont des choses si subtiles, qu'un son, qu'un ton. Et quant à la peinture, c'est de la blague : le sentiment, l'esprit, l'ingénuité, l'honnêteté, toutes ces qualités inventées par les Thiers, les Guizot, les Taine, tous ces professeurs de peinture qui n'auraient pas été foutus de reconnaître la plus ignoble copie d'un original. Il n'y a en peinture que la tonalité et la beauté de la pâte.

Samedi 4 juillet. — Dans une coupe à saké, en

laque rouge, je trouve une petite Japonaise, d'après l'idéal de beauté rêvé par ce peuple : la femme ayant les cheveux noirs, du noir de la laque dont ils sont faits, et le visage ciselé dans un morceau de nacre, apparaissant en une blancheur transparente.

Lundi 6 juillet. — Au Musée Guimet. Tout en me montrant la malle de voyage de je ne sais quel antique shogun, contenant les armoiries des grands feudataires du Japon, et le nombre de sacs de riz que produit chacune de leurs provinces : malle qui était pour lui un memento pour l'établissement de l'impôt, le fondateur du Musée me conte ceci : Il avait fait venir un bonze de Ceylan, qui du moment qu'il n'a plus porté le vêtement de prêtre, ne s'est plus senti un pratiquant, n'a plus prié, et dans le vide de l'occupation de ses prières, a été pris d'un ennui formidable, si formidable, qu'un jour voyant passer une procession, et étant témoin de la vénération, dont était entouré le porteur du Saint-Sacrement, il avait été repris du désir des pratiques religieuses, du désir de prier, si bien qu'il s'était fait catholique, et s'il vous plaît, un catholique exalté, passant toute sa vie dans les églises, en sorte que M. Guimet avait été obligé de le renvoyer, parce qu'il ne lui était d'aucune utilité pour les recherches sur les religions de l'Orient, et qu'il n'était au fond qu'un sacristain.

Mardi 7 juillet. — Visite à Robert de Montesquiou.

Un rez-de-chaussée de la rue Franklin, percé de hautes fenêtres, aux petits carreaux du XVIIe siècle, donnant à la maison un aspect ancien. Un logis tout plein d'un méli-mélo d'objets disparates, de vieux portraits de famille, de meubles Empire, de kakemonos japonais, d'eaux-fortes de Whistler.

Une pièce originale : le cabinet de toilette, au tub fait d'un immense plateau persan, ayant à côté de lui la plus gigantesque bouilloire en cuivre martelé et repoussé de l'Orient : le tout enfermé dans des portières en bâtonnets de verre de couleur. Une pièce où l'hortensia, sans doute un souvenir pieux de la famille pour la reine Hortense, l'hortensia est représenté en toutes les matières, et sous tous les modes de la peinture et du dessin, et au milieu de ce cabinet de toilette, une petite vitrine en glace, laissant apercevoir les nuances tendres d'une centaine de cravates, au-dessous d'une photographie de Larochefoucauld, le gymnaste du cirque Mollier, représenté sous un maillot, faisant valoir ses élégantes formes éphébiques.

Comme j'étais en arrêt devant une eau-forte de Whistler, Montesquiou me dit que Whistler est en train de faire deux portraits de lui : l'un en habit noir avec une fourrure sous le bras, l'autre en grand manteau gris, au col relevé, avec au cou un liséré de cravate, d'une nuance, d'une nuance qu'il ne dit pas, mais dont son œil exprime la couleur idéale.

Et Montesquiou est très intéressant à entendre développer la façon de peindre de Whistler, auquel il a donné dix-sept séances, pendant un mois de séjour à Londres. L'esquisse, ce serait chez Whistler, une *ruée sur la toile* : une ou deux heures de fièvre folle, dont sortirait toute construite dans son enveloppe, la chose... Puis alors des séances, des longues séances, où la plupart du temps, le pinceau approche de la toile, le peintre ne posait pas la touche au bout de son pinceau, et le jetait ce pinceau, et en prenait un autre — et quelquefois en trois heures posait une cinquantaine de touches sur la toile — « chaque touche, selon son expression, enlevant un voile à la couverte de l'esquisse ». Oh! des séances, où il semblait à Montesquiou, que Whistler, avec la fixité de son attention, lui prenait sa vie, lui *pompait* quelque chose de son individualité, et à la fin, il se sentait tellement *aspiré*, qu'il éprouvait comme une contracture de tout son être, et qu'heureusement il avait découvert un certain vin de *coca*, qui le remettait de ces terribles séances.

Là-dessus, entre la comtesse Greffulhe, et la conversation va à la femme du temps passé, et Montesquiou en parle avec le tact et la grâce d'un descendant d'une vraie vieille famille, rappelant les bandeaux de cheveux bravement gris de sa grand'mère, où des fleurs de sureau s'arrangeaient si bien avec sa vieillesse. Et il conte cette anecdote sur cette grand'-mère. Lors d'un mariage d'une de ses belles-filles, elle demande à une autre belle-fille de lui prêter un manteau, avouant, que si près de mourir, elle regardait à cette dépense. Puis, trouvant le manteau à son gré, elle le gardait, disant à la propriétaire du manteau, que pour la dédommager du prêt, elle prît la petite table qui était là, et que sa belle-fille trouvait jolie. Or, cette petite table serait le plus merveilleux meuble, comme bronze ciselé du XVIIIe siècle, et appartiendrait aujourd'hui à la comtesse de Beaumont.

Montesquiou, disons-le bien haut, n'est point du tout, le des Esseintes de Huysmans, s'il y a chez lui un coin de *toquage*, le monsieur n'est jamais caricatural, et s'en sauve toujours par la distinction. Quant à sa conversation, sauf un peu de maniérisme dans l'expression, elle est pleine d'observations aiguës, de remarques délicates, d'aperçus originaux, de trouvailles de jolies phrases, et que souvent il termine, il achève par des sourires de l'œil, par des gestes nerveux du bout des doigts.

— Qu'est-ce que vous dites, monsieur de Goncourt, de la surprise qui m'arrive? me jette la comtesse Greffulhe.

Et elle nous raconte ceci. A propos d'un bal, où elle devait aller en Diane, on lui a parlé d'un buste de Diane de Houdon, que possédait un de ses voisins de campagne, où elle trouverait sa coiffure. Elle va voir ledit buste, placé au milieu d'une chambre remplie de fleurs : une vraie chapelle ayant pour desservants, un vieux ménage soigné dans sa vieillesse, comme la comtesse n'en a jamais vu. Des rapports s'établissent entre la comtesse et le vieux ménage. La vieille femme meurt. La comtesse écrit une lettre de condoléances attendries au mari, et elle apprend qu'il a passé la nuit à se promener, sa lettre à la main. Des années se passent. Le vieux bonhomme meurt ces temps-ci. Et la comtesse apprend que, comme remerciement de sa lettre, il lui lègue dans son testament le fameux buste, dont il avait refusé cent mille francs.

Et l'on va faire le tour du petit jardin, du jardin comme au haut d'une fortification, du jardin dominant le Paris de la rive gauche, et terminé par une serre-bibliothèque des livres préférés par Montesquiou, en même temps qu'un petit musée des portraits de leurs auteurs, parmi lesquels mon frère et moi, nous figurons entre Swinburne et Baudelaire : un petit jardin fantastique qui a pour arbres une douzaine de ces chênes et de ces thuyas en pot, que Montesquiou a achetés à l'exposition japonaise, arbres nains qui ont cent cinquante ans, et qui sont de la taille d'un chou-fleur, et sur la cime desquels, on est tenté de passer la caresse de la main, comme sur le dos d'un chat, d'un chien.

Lundi 13 juillet. — Très malheureux les nerveux en leurs amitiés. Dans la préoccupation d'un ami, dans sa mélancolie ils se figurent une baisse de son affection, un refroidissement ; et ce sont à ce sujet, d'absurdes circumvagations de la cervelle, et d'imbéciles imaginations.

Mardi 14 juillet. — Une femme faisait, devant moi, la remarque que les ménages religieux ne procréaient jamais dans le carême, que leurs enfants dataient presque toujours des grandes fêtes, et qu'il y avait, à l'instar des œufs de Pâques, beaucoup d'enfants de Pâques.

Mercredi 15 juillet. — Aujourd'hui, il y a chez les Daudet, un grand dîner, où sont invités le ménage Zola, le ménage Charpentier, et Coppée.

Entre Zola. Ce n'est plus le dolent, le geignard d'autrefois. Aujourd'hui, il apporte dans sa marche, dans son verbe, quelque chose d'énergique, d'âpre, presque de batailleur. Et dans ses paroles revient, à tout moment, le nom de Bourgeois, de Constans, auxquels il a écrit, qu'il a vus, accusant chez lui un curieux envahissement de l'ambition politique.

Bientôt arrive Coppée, qui vient de Combs-la-Ville, d'un petit village de l'autre côté de la forêt de Senart, où il a loué cette année. Dans la peau tannée du poète, la clarté aiguë de sa prunelle à la couleur de l'eau de mer, donne à ce Parisien la physionomie d'un vieux loup de mer.

On s'est assis sur la petite terrasse, et l'on cause de la mauvaiseté de la jeune critique à notre égard. C'est l'occasion pour Zola de répéter sa phrase : « Qu'est-ce que ça fait les éreintements ? Qu'est-ce que ça fait ? Rien ! » Et il déclare, que quant à lui, ça l'intéresse, et que c'est pour lui une petite joie de savourer, le soir, un article féroce qu'il a entrevu le matin. Et il se met à faire une profession d'amour à l'égard de ses éreinteurs, prenant contre nous la défense des décadents, des symbolistes, cherchant à leur trouver des mérites, et s'attirant par ses généreux efforts, cette jolie blague de Coppée : « Comment, maintenant, vous Zola, vous vous occupez de la couleur des voyelles ! »

On passe à table, avec de la nervosité montée dans les voix, et le souffle de la contradiction dans les paroles.

Là, il est question du Rêve, ce qui amène Coppée à demander à Zola, s'il a vraiment joué de la clarinette. Et Zola de célébrer la clarinette, et de proclamer, que c'est l'instrument qui représente l'amour sensuel, tandis que la flûte représente tout au plus l'amour platonique. « Comme le hautbois représente le *paysage ironique*, » jette un blagueur dans l'esthétique musicale de Zola, qui se met à parler longuement de sa toquade actuelle de faire un livret d'opéra en prose, et de la belle et grande chose que pourrait en ceci produire l'union de la littérature et de l'art musical. Ce qui fait Daudet s'écrier, que pour les gens qui aiment vraiment la musique, la musique est un art qui n'a pas besoin de l'accommodage d'un autre art, bien au contraire.

Là-dessus, à la suite de son père, le jeune Daudet déclare sans respect pour les théories de Zola, que la symphonie est la seule forme haute de la musique,

22.

et professe très éloquemment, que la musique ne doit avoir qu'une *action auditive*, et donner un plaisir des sens, s'étend sur Beethoven, et en parle un long temps en passionné, un long temps, pendant lequel Zola garde le silence... au bout de quoi, après un profond soupir, et avec la voix presque plaintive d'un enfant, il laisse tomber : « Pourquoi voulez-vous contrarier mon projet d'opéra ? »

En sortant de table, la discussion va de la musique à la guerre de 1870, à la guerre de son prochain volume. Sur ce qu'il n'y a pas de *cochoncetés* dans son roman, dit Zola, Magnard aurait été tenté de publier son roman dans le *Figaro*, mais il a eu peur de cette publicité ! Il a craint l'effet de certains chapitres qui ne paraîtraient pas assez patriotiques, il a craint l'ennui d'une description de bataille ayant deux cents pages, il a craint la diminution de la vente du volume par la publicité du feuilleton, et il a traité avec la *Vie populaire*.

Puis le romancier, amené à parler de ses visites aux académiciens, nous fait un tableau gentiment drolatique de ses entrevues avec les académiciens hostiles à sa candidature.

Jeudi 16 juillet. — La vie chez les civilisés. Le collège jusqu'à dix-huit ans, puis une carrière d'examens jusqu'à vingt-cinq ans. La moyenne de la vie est de quarante ans. C'est vraiment trop d'humanités dans la vie de l'humanité, et un jour elle retournera à la vie sauvage, à la vie agricole et chasseresse, à la vie des temps, où l'homme vivait réellement les années qu'il passait sur cette planète.

Halperine Kaminsky, le Russe traducteur de ses compatriotes, nous apprend que Dostoïevsky était épileptique, épileptique comme Flaubert. Et comme je lui parle de la religion des Russes pour leurs auteurs, il nous conte qu'à l'enterrement de Dostoïevsky devant l'affluence et le recueillement du monde, un moujik avait demandé : « Est-ce un apôtre ? »

Vendredi 17 juillet. — Dans la promenade de ce matin, Daudet me demandait, si mon frère avait été tourmenté par *l'au-delà de la vie.* Je lui répondais que non, et que pendant sa maladie, il n'avait pas une seule fois fait allusion à cet au-delà, dans ses conversations.

Alors Daudet me demandait quelles étaient mes convictions à ce sujet, et je lui répondais que malgré tout mon désir de retrouver mon frère, je croyais après la mort à l'anéantissement complet de l'individu, que nous étions des êtres de rien du tout, des éphémères de quelques journées de plus que ceux d'une seule journée, et que s'il y a un Dieu, c'était lui imposer une comptabilité trop énorme, que celle occasionnée par une seconde existence de chacun de nous. Et Daudet me disait qu'il pensait tout comme moi, et qu'il y avait dans ses notes, un rêve, où il traversait un champ de genêts, aux petits sons crépitants des cosses qui crevaient, et il comparait ces éclatements à nos vies.

Samedi 18 juillet. — Au moment de se coucher, pendant que Daudet soutenait que le talent n'était rien qu'une *intensité de vie*, un mélancolique cri de crapaud le faisait revenir à la fabrique de son père, où les ouvriers s'amusaient à mettre un crapaud sur une planche basculante, et avec un coup de bûche sur la planche, on le lançait dans l'air, et, disait Daudet, la pauvre bestiole poussait un cri dans les étoiles, et retombait *escrabouillée* sur le sol.

Mardi 21 juillet. — Une histoire du grand empereur, il faudrait qu'elle fût faite par un historien, qui aurait à la fois un cerveau à la Michelet et à la Carlyle.

Jeudi 23 juillet. — Après la lecture de la bataille d'Eylau, dans Marbot, et ce que le général raconte du mépris de la mort et du dévouement à l'Empereur, nous constatons, Daudet et moi, qu'il y a dans le monde bien autrement du dévouement pour un homme que pour une idée.

En nous promenant avant dîner, Rodin me parle de son admiration pour les danseuses javanaises, et des croquis qu'il a faits d'elles, croquis rapides, pas assez pénétrés de leur exotisme, et qui ont quelque chose d'antique. Il cause aussi d'études semblables sur un village japonais, transplanté à Londres, où se voyaient également des danseuses japonaises. Il trouve nos danses trop sautillantes, trop brisées, tandis que dans ces danses, c'est une succession de mouvements engendrant et produisant un serpentement, une ondulation.

Nous recausons après dîner avec Rodin, et je lui dis que l'œil de l'Europe ancienne et moderne était et est resté plus sensible à la ligne qu'à la couleur, et je lui donnai cet exemple des vases étrusques dont toute la beauté vient de la silhouette des figurines, tandis que dans la céramique de la Chine et du Japon, c'est avant tout la tache colorée qui en fait la beauté.

Samedi 1ᵉʳ août. — Demain c'est la fête de Daudet, mais on la lui souhaite aujourd'hui, où le jeune ménage est venu dîner.

Et à peine sorti de table, dans cette maison à l'atmosphère littéraire, on cause poésie ancienne et grâce à la mémoire admirable de Léon, ç'a été la curieuse pièce de Villon :

> Comme je suis povrette et ancienne,
> Ni rien ne sais....

Puis la mélancolique pièce de Ronsard sur la vieille maîtresse :

> Quand vous serez bien vieille, au soir, à la chandelle...
> Assise au coin du feu, devisant et filant.

Puis la glorieuse pièce de Malherbe, où il se tresse des couronnes :

> Mais trois ou quatre seulement
> Au nombre desquels on me range,
> Savent tresser une louange
> Qui demeure éternellement.

Je crois qu'à l'heure présente, il y a peu de fêtes d'écrivain, où l'on fête de si haute littérature, et c'était charmant, l'espèce de griserie poétique qui nous avait tous pris, hommes et femmes.

Jeudi 6 août. — Oui, œil énigmatique, œil de sphinx que l'œil du chat, œil qui n'est, pour ainsi dire, qu'une réverbération verte, ne s'éclairant par aucune des tendresses humaines du regard d'un chien et même des autres bêtes, œil mystérieux, avec sa pupille en forme de lettre magique, changeante à toutes les heures, œil renfermant de l'inconnu, œil inquiétant, quand il vous observe et vous scrute.

Mercredi 12 août. — J'étais en train de travailler, quand Groult a fait irruption chez moi, et malgré ma résistance, m'a emmené chez lui, pour voir son Turner.

Eh bien, cette demi-journée perdue, je ne la regrette pas, car ce tableau est un des dix tableaux qui ont donné à mes yeux la grande joie, car ce Turner, c'est de l'or en fusion, avec dans cet or une dissolution de pourpre. Un tableau devant lequel est tombé en extase le peintre Moreau, qui ne connaissait pas même Turner de nom. Ah! cette *Salute*, ce palais des Doges, cette mer, ce ciel aux transparences roses d'une amalgatolithe : tout cela comme vu dans une apothéose de pierres précieuses ; et de la couleur, par larmes, par coulées, par congélations, telles qu'on en voit sur les flancs des poteries de l'extrême Orient. Pour moi c'est un tableau qui a l'air peint par un Rembrandt, né dans l'Inde.

Et la beauté de ce tableau est faite de ce qui n'est prêché dans aucun bouquin théorique : elle est faite de l'emportement, du *tartouillage*, de l'outrance de la cuisine, de cette cuisine, je le répète, qui est toute la peinture des grands peintres qui se nomment Rembrandt, Rubens, Velasquez, le Tintoret.

Jeudi 13 août. — Il faisait, ce jour d'août, une chaleur écœurante, où la fadeur du ruisseau montait dans l'air sans souffle. Me trouvant sur la place Saint-Germain-l'Auxerrois, je songeais tout à coup à la fraîcheur de la salle du rez-de-chaussée du Louvre, en face de moi, à ces catacombes de la vieille Égypte pharaonique.

Et me voilà devant le colossal sphinx de granit rose de l'entrée, devant cette puissante image de la royauté, soudant une tête d'homme à un corps de lion, dont les pattes reposent sur un anneau : symbole d'une longue succession de siècles.

C'est un Ramsès, le fils de celui dont *le nom a fait le tour du monde par les exploits de son bras*, dont les victoires sculptées ornent les murs d'Ibsamboul, de Louqsor, du Ramasseum, et pendant que mon esprit est à sa glorieuse campagne contre les peuples de l'Asie occidentale, où, séparé de son armée, et attaqué par un corps de 2 500 chars, il n'échappe à la mort que par des prodiges de valeur, une voix de ventriloque, une voix comique de Bridoux, parlant avec un gardien de la permutation d'un camarade dans une brigade du Nord, me tire de ma rêvasserie, presque colère, et me chasse plus loin.

Et je m'enfonce au milieu de ces effigies d'une humanité antérieure à Jésus-Christ de 2 500 ans, je m'enfonce parmi ces femmes jaunes, à la taille menue, aux hanches peu développées, aux cuisses charnues, à la chevelure pareille à celle de la fille de Seti II, dont le *noir des cheveux était le noir de la nuit*, vêtues d'une robe-chemise ouverte en triangle au milieu de la poitrine, les bras ornés de bracelets composés de douze anneaux, et qui, coquetterie bizarre, ont le dessous des yeux maquillés d'une bande de couleur verte. Je m'enfonce parmi ces hommes, aux cheveux tuyautés tout droits, aux larges épaules, à l'étroit bassin, à la peau briquetée, vêtus du pagne plissé, appelé *schenti*, et tenant entre le pouce et l'index de la main gauche un petit sceptre, et de l'autre un bâton d'honneur ; vêtus d'une peau de panthère, quand ils sont des prêtres.

Et, en ces matières impérissables du basalte, du granit, semble revivre autour de moi toute l'Égypte pharaonique, tout le monde des fonctionnaires et des courtisans des 26 dynasties, dans l'emphase lapidaire de leurs titres et de leurs charges.

C'est le chef des voiles du roi ; — c'est le chef de la maison de lumière, le chef de l'équipement des jeunes soldats ; — c'est le chef des conseils du roi et le commandant des portes ; — c'est le « chef du secret pour proférer les paroles du roi » ; — c'est « les yeux du roi dans toutes les demeures » (sans doute le ministre de la police) ; — c'est « le chef des mystères du ciel, de la terre et des enfers, l'écrivain de la vérité dans la demeure de la justice » ; — c'est l'intendant des constructions du roi ; — c'est le chef de la grande écurie ; — c'est le basilicogrammate de la table du roi (le sommelier) ; — c'est le chef du gynécée royal ; — c'est « le scribe de l'oreille du roi » ; — c'est le flabellifère à la gauche du roi ; — c'est le portechasse-mouche à la droite du roi ; — c'est « le favorisé du roi et le cher à son cœur » ; — c'est le compagnon des jambes royales du seigneur des deux Pays.

Et je m'arrêtais à de plus humbles représentations, à celle de « l'écrivain de la maison des chanteuses » et aussi à celle de cet humble fonctionnaire de l'intérieur, Se-Kherta, qui dit : « *J'ai donné de l'eau à celui qui avait soif et des vêtements à celui qui était nu. Je n'ai fait aucun mal aux hommes.* »

Et pendant que j'appartenais tout à la lecture de ces biographies de pierre, et qu'il se faisait cérébralement en moi le transport qui se fait, à la lecture d'un livre, parmi les personnages et les milieux de ce livre, je n'étais plus de mon temps, je n'étais plus à Paris. Il me semblait, d'après la belle imagination de Carlyle, avoir été jeté de par l'espace et le temps, dans une de ces étoiles lointaines, lointaines, lointaines, où arrivait seulement aujourd'hui la lumière qui éclairait le passage de la mer Rouge sous Ramsès II, et sa vision en retard de milliers d'années.

Mais la grande clarté de midi avait envahi la salle du rez-de-chaussée, me faisant trop matériellement visible, ce que je me plaisais à voir dans le vague, l'indéterminé, la pénombre d'une espèce d'hallucination. Alors, au milieu du grand escalier montant au fond de la salle devant moi, il y avait un pan d'ombre attirant pour ma rêverie. J'y allai, me retournant à la moitié des marches, pour jeter d'en haut un coup d'œil sur la salle d'en bas, où toutes les figurations de vivants sont représentées par l'art de ce temps, déjà dans la raideur et l'ankylose de la mort, de cette mort aimée, choyée, parée, momifiée, sauvée si élégamment de la pourriture et du ver, — et que dans cette salle, surmontent à droite et à gauche, dans leur étrangeté mystérieuse, les têtes de ces grandes déesses léontocéphales.

Et je continuai mon ascension, le regard attiré sur les murs, par de petites bandes rousses, effrangées comme de la charpie dans des cadres, par des morceaux de papyrus brûlés par le naphte de l'embaumement, qui me rappelaient à la fois des scories de manuscrits de Pompéi, conservées dans les armoires du Musée de Naples, et les folioles noirâtres de l'état civil de Paris, me pleuvant sur la tête, le 24 mai 1871, lors de ma rentrée dans ma maison d'Auteuil.

Et m'approchant de plus près, je lisais au-dessous la traduction de l'un d'eux : Récompense promise pour un esclave fugitif.

L'an XXV, le XVI d'Epiphi.

Un esclave d'Aristogène, fils de Chrysippe d'Alabanda, député, s'est échappé.

Il se nomme Hermon, et est aussi appelé Nilos ; Syrien de naissance, de la ville de Bambyce ; environ dix-huit ans, taille moyenne, sans barbe, creux au menton, signe près de la narine gauche, cicatrice au-dessous du coin gauche de la bouche, le poignet droit marqué de lettres barbares ponctuées.

Il avait (quand il s'est enfui) une ceinture contenant

en or monnayé trois pièces de la valeur d'une mine, dix perles, un anneau sur lequel sont un lecythus et des strigilles. Son corps était couvert d'une chlamyde et d'un perizôma.

Celui qui le ramènera recevra 2 talents de cuivre, et 3 000 drachmes ; celui qui indiquera seulement le lieu de sa retraite, si c'est dans un lieu sacré, 1 talent et 2 000 drachmes, si c'est chez un homme solvable et passible de la peine, 3 talents et 5 000 drachmes. Si l'on veut en faire la déclaration, on s'adressera aux employés du stratège.

Oui, c'est tout le long de cet escalier, exposée sur ces fragments de papyrus, toute la vie civile du peuple du rez-de-chaussée, ce sont ses contrats de vente (*ses écrits d'oui*), ses donations avec la formule : *Tu as donné et mon cœur est satisfait*, ses partages, ses prêts, ses inventaires, ses réclamations, etc., etc.

Et je lisais encore cette PLAINTE EN VIOLATION DE SÉPULTURE :

A Denis, hipparque des hommes, et archiphylacite du Péri-Thèbes, de la part d'Osoroéris, fils d'Horus.

Je porte à ta connaissance que l'an XXXIV du double règne de Philométor et d'Evergète II, lorsque Lochus est venu à Diospolis-la-Grande, certaines personnes ont envahi l'un des tombeaux qui m'appartiennent dans le Péri-Thèbes ; l'ayant ouvert, ils ont dépouillé quelques-uns des corps qui y étaient ensevelis, et en même temps ont emporté tous les effets, que j'y avais mis, montant à la somme de dix talents de cuivre.

Il est arrivé aussi que, comme la porte fut laissée toute grande ouverte, des corps en bon état ont beaucoup souffert de la part des loups, qui les ont en partie dévorés.

Puisque j'intente action contre Poëris et Phtônis son frère, je demande qu'ils soient cités devant toi, et qu'après mûr examen, on rende la décision convenable.

Sois heureux.

Et je lisais encore ce CONTRAT DE MARIAGE que je copiai :

L'an XXXIII, du roi Ptolémée, fils de Ptolémée le Dieu; étant Aetus, fils d'Apollonius, prêtre d'Alexandre et des deux frères, étant Démétria, fille de Dyonissos, canéphore devant Arsinoé Philadelphe.

Le pasthophore d'Ammon Api, de la partie occidentale de Thèbes. Pana fils de Pchelcons, dont la mère est Tahet, dit à femme Taketem, fille de Relon, dont la mère est Tanetem : Je t'ai acceptée pour femme. Je t'ai donné 1 argenteus en tout pour ton don de femme. Que je te donne 6 vingtièmes d'artabes par jour, 3 hins d'huile par mois, ce qui fait par an 36 hins d'huile, 1 argentues et 2 dixièmes pour ta toilette d'une année, 1 dixième d'argenteus en sekels, pour ton argent de poche par mois, ce qui fait un argenteus et 2 dixièmes pour ton argent de poche d'une année. Ton argent de poche d'une année est en dehors de ton argent de toilette. Que je te le donne chaque année; à toi il appartient d'exiger le payement de ton argent de toilette et de ton argent de poche qui doivent être à ma charge. Ton fils aîné ; mon fils aîné sera l'héritier de tous mes biens présents et à venir. Je t'établirai comme femme. *Que je te méprise, que je prenne une autre femme que toi, je te donnerai 20 argenteus. La totalité des biens quelconques qui sont à moi, et que je posséderai, sont en garantie de toutes les paroles ci-dessus, jusqu'à ce que je les accomplisse. Les écrits que m'a faits la femme Tahet, fille de Théos, ma mère, sur moitié de la totalité des biens qui appartiennent à Pchelcons, fils de Pana, t'appartiennent ainsi. Fils, fille, provenant de moi qui voudrait t'inquiéter, te donnera 20 argenteus.*

A écrit le scribe des hommes de Thèbes, prêtre d'Ammon Horpueter, fils de Smin.

Et copiant ce papyrus, j'avais comme le sentiment de m'être endormi dans l'escalier, de m'être assoupi dans un endroit public, et de faire un rêve, où la galopade de deux gamins en gros souliers, descendant les marches à cloche-pied, ou la bruyance simiesque d'une jeune négresse en joie, ou la dissertation, pleine de consonnes, d'archéologues tudesques, ou le regard par-dessus mon épaule d'un Égyptien d'aujourd'hui, coiffé du fez classique, ou l'opoponax odorant d'une cocotte, me frôlant de l'envolée du voile de son chapeau, ou enfin les bruits, les parfums, le contact des gens : toutes les émanations modernes de la vie vivante traversaient légèrement mon rêve dans le vieux passé, sans interrompre mon ensommeillement.

Samedi 15 août. — Aujourd'hui, chez les Zeller, le vieux docteur Blanche parlait curieusement du culte de la Vierge, chez l'ouvrière. Il disait être monté, rue du Bac, chez une ouvrière contrefaite, ayant une maladie du cœur, très avancée, et autour du lit, où elle était couchée, une vieille folle, qui était sa mère, dansait. La misérable créature avait sur sa commode, une vierge, près de laquelle une veilleuse brûlait. Voyant un moment les yeux du docteur se tourner vers le petit plâtre, d'un geste allant de sa mère à sa triste personne, elle disait : « C'est cela seul qui peut me faire supporter la vie, la vie telle que je l'ai ! »

Il trouva une autre fois, une ouvrière, également contrefaite, également malade du cœur, dont la petite vierge était tout entourée de fleurs, et qui lui disait avec passion : « Oui, c'est mon aide, mon secours en ce bas monde ! »

Oh ! les cochons, que ces gouvernants qui travaillent à tuer la foi chez ces pauvres diablesses, auxquelles ils n'assurent pas le paradis sur la terre, et dont ils se fichent pas mal avec leur *fraternité*, écrite en grosses lettres, sur la pierre de leurs ministères.

Dimanche 16 août. — Départ pour Jeand'Heurs. A Saint-Dizier. Un chauffeur d'un train qui passe à un chauffeur d'un train arrêté : « Pas le temps d'arroser seulement sa casquette ! »

Causant avec Marin, des canailleries financières de l'heure présente, il me dit : « Je rencontre, un jour de ces dernières années, quelqu'un que je ne te nommerai pas. Lui, l'homme calme je le trouve tout à fait en colère. Je lui demande ce qu'il a. Et voici ses paroles textuelles : « Je sors, avec deux collègues, d'examiner les comptes de l'isthme de Panama... écoutez... quatorze cents millions ont été dépensés... eh bien, quatre cents millions ont été dépensés dans l'isthme... il y a un milliard qu'on ne retrouve pas... il est impossible qu'on ne poursuive pas Lesseps. »

Puis causant des clubs d'une manière générale, Marin me disait, que pour y entrer tout de *go*, il fallait s'y présenter très jeune, parce qu'un homme, qui jouit à Paris d'une certaine notoriété, s'est fait nombre d'ennemis à quarante ans, et est presque assuré de plus de boules noires qu'il n'en faut pour être refusé.

Jeudi 27 août. — Les arbres, tels que je les vois avec mon œil de myope, à travers mon lorgnon n° 12, ne ressemblent en rien aux arbres peints, dans les tableaux anciens et modernes. Car, les arbres que je vois, sont plutôt avec le fourmillement de la feuillée, les arbres de la photographie, ou encore les arbres des petites eaux-fortes de Fragonard, où ce fourmillement de la feuillée est rendu par le *grignotis* du travail.

Mercredi 2 septembre. — Le banquier M***, auquel on demandait pourquoi les banquiers ne faisaient plus d'emprunts, répondait, « parce que les bénéfices que les banquiers pouvaient faire dans un emprunt, étaient maintenant mangés par l'arrosage de la presse. »

L'intérêt de l'argent prêté par un banquier avec l'agio, la commission, revient à 12 p. 100. Voici une de ces choses qu'il serait pour tout le monde de la plus grande utilité de savoir, et que personne ne dit ou n'imprime, et que très peu de personnes savent.

Lundi 7 septembre. — Sait-on que dans les couvents, il est permis aux religieuses d'avoir des chats, mais qu'il leur est défendu d'avoir des chattes. Les amours des chats étant extérieurs ne leur tombent pas sous la vue, tandis qu'on craint que la grossesse, la mise bas, la maternité des chattes, puissent éveiller la curiosité de l'amour chez ces femmes. C'est ce que m'affirme une jeune fille, qui a passé deux ans, dans un couvent de Rouen.

Mercredi 9 septembre. — Ces nuits-ci, ou dans la journée, je pêche beaucoup à la ligne, quand je ferme les yeux avant de m'endormir, j'ai dans ma rétine, le bouchon de ma ligne avec le blanc de la plume, le rouge du liège, et les transparences de la rivière coulant sur les herbes, et la ride de l'eau quand ça commence à piquer, et la fuite et le plongement et la disparition du bouchon dans les profondeurs sous-marines. C'est extraordinaire, mon œil a été transformé en un cliché de photographie coloriée, et aucun spectacle de ce monde ne laisse en moi une image pareille. Pourquoi une figure aimée, souvent regardée, ne revient pas, précisée, arrêtée, lignée, dans votre œil, comme ce bouchon de liège.

Vendredi 11 septembre. — Dans la bataille littéraire du moment, on n'a pas dit — ce que j'ai affirmé à propos de Flaubert — que le grand talent en littérature était de créer, sur le papier, des êtres qui prenaient place dans la mémoire du monde, comme des êtres créés par Dieu, et comme ayant eu une vraie vie sur la terre. C'est cette création qui fait l'immortalité du livre ancien ou moderne. Or les décadents, les symbolistes et les autres jeunes, peuvent avoir mis des sonorités dans leurs plaquettes, mais jamais, au grand jamais, n'ont déposé là dedans, l'être dont je parle — et même un être de second, de troisième plan.

Lundi 14 septembre. — Toute la soirée d'hier, toute la matinée d'aujourd'hui, dans des recherches à l'appui de ma journée du 13 août dans le Musée Égyptien, je rencontre le dogme de l'immortalité de l'âme et de la résurrection, affirmé par tout le granit et le basalte sculptés de l'Égypte. Seulement les Égyptiens croyaient, professaient, que ce qu'il y avait d'immortellement vivant, dans le corps d'une femme ou d'un homme décédé, entrait dans un être naissant, et que lorsqu'il avait parcouru tous les animaux de la terre, de la mer, de l'air — ce qui durait 3 000 ans, — ce germe immortel rentrait dans un corps humain.

Vendredi 18 septembre. — Jeanne, la jeune mariée, a eu une crise nerveuse, cette nuit, et Daudet qui a passé une partie de la nuit sur pied, a été poursuivi dans son insomnie par l'idée d'une pièce qu'il me conte, ce matin.

Un jeune homme fatigué, lassé de la vie, revient dans son pays, dans la Camargue, avec ses fièvres et ses eaux. Il y retrouve comme garde de marais, un garçon qui a été élevé avec lui, un garçon resté simple paysan, et marié à une femme de sa condition, mais d'une nature délicate, distinguée. Le jeune homme, sans aucun amour pour elle, sans occupation dans sa vie, a l'idée, avec l'assentiment du mari, d'en faire quelque chose, de lui apprendre à lire, de lui donner quelque instruction, et là dans l'éclaircie de son intelligence, il songe à placer la phrase qu'il a entendu dire à la mère de Mistral, après une lecture de son fils : « Je n'ai pas tout compris, mais *j'y ai vu une étoile.* »

Là-dessus arrive passer une semaine chez lui, une ancienne maîtresse, une actrice de *boui-boui* qui fait éclater la jalousie de la femme du garde de marais, qui aime inconsciemment, et un jour se refuse à préparer les plats du Nord que veut manger l'autre. C'est alors que le mari, d'abord tout heureux et tout fier de l'éducation spirituelle de sa femme, vient trouver le jeune homme, et lui embrassant les mains lui dit : « Monsieur Henry, il faut partir, ma femme ne m'aime plus. »

Et le jeune homme s'en irait.

Daudet, là dedans, voudrait montrer l'intelligence apportant le malheur dans un intérieur tout aimant, tout heureux.

Il aurait aussi l'ambition de faire cette petite pièce très nature, de montrer son monde au milieu d'anguilles d'argent frétillantes, et tout grelottant de fièvre, comme la famille qui lui sert de modèle dans son souvenir.

Dimanche 20 septembre. — Dans notre promenade en landau, il est amusant le regard de Daudet, fouillant pour sa « Caravane » toutes les maisons de paysans et de petits bourgeois, et cherchant à percer les existences qui sont derrière ces murs : « Oui, je les habite ! » s'écrie-t-il. Là-dessus je lui dis : « Pensez-vous que dans le siècle prochain, il y aura peut-être des appareils pour voir tout ce qui se passe derrière ces murs, et y entendre tout ce qui s'y dit. » Et en effet ce sera peut-être... Le miracle de l'instantané est un miracle tout aussi étonnant que pourraient être ceux-ci.

Mercredi 23 septembre. — A la suite d'une pêche où j'ai reçu sur le dos, en pleine Seine, un tel orage de pluie et de grêle, qu'il a fallu mettre les mains dans mes poches, pour qu'elles ne soient pas mises en sang par les grêlons, j'ai eu ce matin une crise hépatique, douloureuse en diable.

Jeudi 24 septembre. — Parlant à Daudet de l'optimisme de sa femme, je lui dis : « Oui, nous deux, hélas ! nous voyons les choses, le jour, comme les autres les voient, la nuit, dans une insomnie, après un cauchemar. »

Vendredi 25 septembre. — Ce soir, Valentin Simond racontait la dernière soirée de Delescluze, où il se faisait accompagner par lui au Comité de Salut public, disant qu'il avait besoin de causer avec un ami, et lui confiant dans le trajet, qu'engagé dans une cause qu'il n'avait pas choisie, il ne laisserait pas une mémoire déshonorée, et qu'il ne lui restait plus qu'à mourir, ajoutant que la République était décidément fondée, et qu'il restait assez de Jules Simon pour la défendre. Et Bauër racontait son départ le lendemain, et sa marche aux coups de fusil, après avoir pris un bol de bouillon, que lui avait donné une fille du quartier, ayant une réputation dans le genre de la *Goulue*.

Samedi 26 septembre. — Ce soir, le jeune Hugo qui vient de passer son examen de fourrier, et qui a une permission de quatre jours, tombe à dîner chez Daudet. Je lui fais raconter son horrible vie, cette vie, où il existe encore des peines corporelles d'un code du temps des galères, comme la *double boucle*.

Mardi 6 octobre. — Trois jours avec une affreuse douleur dans le côté. Je fais venir aujourd'hui Malhené qui me dit, ce que je pressentais, que j'ai un zona, auquel se mêle toujours un douloureux rhumatisme intercostal.

Dimanche 11 octobre. — Une cousine des Daudet qui vient d'être opérée d'une tumeur intérieure, chez les Bénédictines de la rue de la Santé (le Saint-Jean-de-Dieu pour les femmes), exprimait, la veille de l'opération, à Mme Daudet, l'horreur qu'elle éprouvait pour tous les meubles de cette chambre, bien certainement plusieurs fois habitée par la mort, et la répugnance qu'elle avait à toucher à cette sonnette du fond du lit, pénétrée pour elle de la sueur des mains d'agonisantes qui l'avaient secouée.

Jeudi 15 octobre. — Une jeune Roumaine frappe à ma porte, demandant à me voir. Sur la réponse que je suis sorti, des pleurs lui montent aux yeux, dans l'impossibilité qu'elle a de repasser mercredi. Elle revient quelques minutes après, et dit à Pélagie : « Est-ce que vous ne pourriez pas me donner quelque chose, venant de M. de Goncourt ? » Et Pélagie qui ne veut pas me déranger, lui donne le crayon, avec lequel elle fait ses comptes de cuisine.

Samedi 31 octobre. — Un mois, un mois entier, où la brûlure de mon rhumatisme intercostal me prive de sommeil, toutes les nuits.

Alors je me trouve dans la journée si fatigué, si las, que je suis obligé de me coucher, ne dormant guère plus le jour que la nuit, mais trouvant un repos dans l'horizontalité. Et toute ma distraction est dans ma chambre aux volets fermés, et où les tapisseries sont comme serrées dans l'ombre, d'étudier la lumière sur le seul panneau où filtre un peu de jour. C'est un médaillon, où une bergère, en ce costume espagnolisé, mis à la mode par Vanloo, verse d'une fiasque un verre de vin à un berger. à la culotte jaune soufre d'une rose trémière, dans un paysage aux arbres bleuâtres, aux lointains couleur crème. Et la scène se voit dans son étroit coup de jour, comme éclairée par une aube lactée, un ensoleillement doucement féerique, un rayonnement de midi ayant quelque chose de fantastique.

Dimanche 1er novembre. — Daudet parlait de l'intérêt d'un livre, qui raconterait l'enfance et la jeunesse des hommes qui ont *émergé*. Et il disait son étonnement de la ressemblance de sa *tumultueuse* enfance avec celle de Byron, quand il l'avait lue dans Taine. Et là-dessus il exprime le regret d'avoir écrit le PETIT CHOSE, quand il l'a écrit, en un temps où il ne *savait pas voir*. Alors je lui donnai le conseil de refaire le livre, comme si l'autre n'existait absolument pas, et vraiment la comparaison serait curieuse entre ces deux livres : l'un au moment où l'observation n'existait pas encore chez l'écrivain ; l'autre au moment où cette observation est arrivée à la perspicacité aiguë.

Mardi 3 novembre. — Toujours des nuits sans sommeil, toujours un côté, dont la peau semble à vif, avec dedans, de temps en temps, un élancement qui ressemble à la piqûre simultanée de deux ou trois sangsues.

Samedi 7 novembre. — Avant les tentatives de l'impressionnisme, toutes les écoles de peinture de l'Europe sont noires, sauf la peinture française au xviiie siècle, et je suis persuadé que cette peinture doit sa couleur à la tapisserie, aux exigences du coloris que demande cet art industriel, par l'habitude qu'avaient nos peintres de ce temps, de travailler, plus de la moitié de leur temps, pour les manufactures de Beauvais et des Gobelins.

Dimanche 8 novembre. — Quel laboratoire de mensonge que les journaux. Je ne sais quel journal cite parmi les tombes délaissées, la tombe de mon frère, juste au moment, où je viens de faire polir une dalle de granit, et sceller dessus le médaillon du cher enfant, exécuté en bronze, cet été, par le sculpteur Lenoir.

Lundi 9 novembre. — Une femme du peuple se plaignant de son fils, près de la buraliste du chemin de fer : « Ah! on peut dire qu'il m'a coûté de la graisse! »

Jeudi 12 novembre. — Sully Prudhomme dîne ce soir chez Daudet. Une tête, où court sur la tempe une mèche grise, semblable à une aile d'oiseau repliée, une conversation intelligente, substantielle, savante, aimant le mot abstrait, une conversation qu'on pourrait qualifier de mystico-philosophique, servie par une petite voix flûtée, qui a parfois les sons mystérieusement enroués d'une voix d'adolescent entrain de muer.

Samedi 14 novembre. — J'ai repris mon travail sur la Guimard, et j'y travaille autant que me le permet mon état maladif. C'est amusant, ces reconstitutions d'êtres du passé, faits de toutes pièces et de toutes choses, ainsi que je le fais. Hier, j'étais à la Bibliothèque de l'Opéra, demain, j'irai chez un notaire, successeur du notaire de la Guimard, copier le contrat de mariage de la danseuse, un autre jour, j'irai prendre, chez Groult, la description de son portrait en Terpsichore, peint par Fragonard dans son hôtel de la Chaussée-d'Antin, un autre jour j'irai, à Pantin, retrouver ce qu'il peut rester de son érotique théâtre, un autre jour encore, j'irai chez Prieur de Blainville, s'il existe encore, étudier la gouache de la rare estampe du Concert a trois.

Dimanche 15 novembre. — On me conte ceci, ce soir. Un jeune homme était allé, un de ces jours-ci, causer affaires, avec un banquier israélite, un des grands banquiers parisiens. Ce jeune homme qui est un exubérant, dans la chaleur de son exposition, posait la main sur le couvercle d'un sucrier, faisant partie d'un verre d'eau posé sur le bureau du banquier, et emporté par un mouvement oratoire, il l'enlevait en l'air, au bout de sa main. En cet instant, il vit un tel bouleversement sur les traits du banquier, que rappelé au sang-froid, il lui dit : « Oh! pardon! » et remit le couvercle sur le sucrier. « Mais la mouche n'y est plus, » lui jeta le banquier, et devant l'incompréhension du jeune homme : « Oui, la mouche que j'y mets, pour que le domestique ne vole pas mon sucre ! » Tout démonté qu'il était, le jeune homme continuait à exposer son affaire dans l'inattention du banquier, dont il voyait les regards se porter rapides, à droite, à gauche, quand tout à coup, dans un ramassement de main, il attrapa une mouche, qui rentra dans le sucrier. Et alors seulement le jeune homme se vit absolument écouté.

Mardi 17 novembre. — Je reçois un singulier article, paru dans la *Revue de l'Évolution:* un article où M. Dubreuilh comptant les mille premiers mots de Manette Salomon, répartis en sept groupes : *Êtres et Choses* (substantifs et prénoms), *Qualités* (adjectifs qualificatifs), *Déterminations, Actions, Modifications*

Relations, *Connexions*, *Interjections*, et les rapprochant des premiers mille mots du Discours de la Méthode, de Descartes, des premiers mille mots de l'Esprit des Lois, de Montesquieu, des premiers mille mots de Télémaque, de Fénelon, etc., etc., me trouve beaucoup plus riche en *Déterminations* (adjectifs et articles) qu'en *Connexions* (les mots qui servent à lier les êtres et les choses) et déclarant que je suis l'écrivain qui s'éloigne le plus de Descartes, il me classe, en la haute et respectable compagnie de Bossuet et de Chateaubriand.

Dimanche 22 novembre. — Daudet parlait ce soir passionnément de la mer, et disait qu'à cause de sa myopie, l'enchantement de la mer ne lui venait pas par les côtés de couleur qui empoignent les peintres, qu'il était pris, lui, qui a l'oreille si extraordinairement fine, par les côtés, pour ainsi dire, musicaux, par sa grande lamentation lointaine, son brisement contre les rochers, le bruit de remuement de draps mouillés de son bord, et il en imitait le bruit.

Samedi 28 novembre. — J'avais juré, après cette troisième gelée de mon jardin, en vingt ans, de ne plus le refaire, mais ces serments ressemblent à des serments d'ivrognes qui jurent de ne plus boire. Ces jours-ci, un des premiers jours de vaillance de ma convalescence, j'ai été à Versailles, chez Moser, et j'ai acheté de merveilleux arbustes, qui vraiment d'un coin du jardin font un tableau de coloriste. C'est un *tuya elegantissima*, cette pyramide pourpre, placée entre deux fusains si panachés, qu'il semblent des arbustes feuillés de blanc; c'est un *juniperus elegans*, qui a le ton de vieil or des chrysanthèmes; c'est un *tuya canadiensis aurea*, dont le branchage semble d'or, quand le soleil joue dedans; enfin c'est la petite merveille un *retinospora obtusa gracilis*, un petit arbuste à la forme écrasée des arbres centenaires en pot de l'Extrême-Orient, et qui a quelque chose d'une agglomération de choux de Bruxelles en velours.

Samedi 5 décembre. — Un viveur du grand monde parisien déclarait devant moi, qu'il n'aimait que les filles, et il les exaltait en disant, que ces créatures sorties du *trou aux vaches*, arrivent à être les maîtresses du goût et de la mode de Paris, et cela par une admirable diplomatie et la plus savante conduite de la vie, sachant qu'elles perdent leur position, rencontrées un maquereau au bras, ou une robe canaille sur le dos. Et leur comparant les femmes du monde, qui entrent dans la vie avec tant d'avantages, il constate que celles qui sont un peu *retentissantes*, n'arrivent qu'à se déclasser.

Et il fait la remarque que, tous les ans, il se fait à peu près 80 000 filles, et que sur ces 80 000, il en surnage à peu près une quarantaine parmi les *régnantes* à Paris, et qui ne sont pas des femmes de Paris, parce qu'il existe toujours chez ces dernières, un côté gavroche, un côté blagueur qui embête le *miché*, en général un être officiel : « Oui, fait mon causeur, oui, ces régnantes sont seulement des femmes, nées en province, apportant un côté domestique, et toutes prêtes à dire : « Monsieur le Comte » à l'homme avec lequel elles couchent. »

Ce soir dîner pour la pendaison de la crémaillère, chez le jeune ménage Daudet.

Parmi les dîneurs, M. Hanotaux des Affaires étrangères, qui vient causer avec moi des tapis persans du XVIe siècle. Et il m'entretient de la colonie persane de Constantinople faisant le commerce des tapis, qu'il a beaucoup fréquentée, de ces gens si polis, aux gestes d'un calme dessin, apportant quelque chose de mystérieux à leur commerce. Il me parle d'un certain tapis vert acheté par l'un d'eux, qu'on ne pouvait pas voir, tapis auquel, si on faisait allusion, le Persan levait les mains à la hauteur de la tête, avec un *chut!* de la bouche, réclamant une discrétion facile à garder.

Du reste, le marchand oriental a toujours été un peu cachottier de ses choses à vendre, et peu désireux de les laisser voir, sachant que les choses vues par trop de monde, perdent une partie de leur valeur. Il existe, à ce qu'il paraît, des documents anciens qui tablissent le mystère, dont entouraient les marchandises d'art, les marchands des premiers temps. Et aujourd'hui encore chez le Japonais Hayashi, la vente se fait aux clients, dans une chambre à la porte fermée, et on ne peut absolument aborder Hayashi, qu'après ambassade. Et vraiment on serait tenté de lui dire : « Est-ce que vous fabriquez de la fausse monnaie ? »

Dimanche 6 décembre. — On parlait du besoin de mensonge qu'a l'homme, et non pas seulement dans le livre qu'il lit, mais même chez quelques-uns, dans l'exercice de la vie. A ce sujet Daudet racontait, que Morny ne voulait jamais recevoir, un malheureux, une femme vieille ou laide, faisant tout, dans sa fuite de la réalité, pour n'être pas ramené à cette réalité. C'était Morny qui disait au frère de Daudet, quand il faisait jouer l'IDOLE, pièce se passant entre des vieux : « C'est bien triste ! »

Rosny disait aujourd'hui, au *Grenier*, que d'après un travail assez sérieux, l'assassinat en moyenne ne rapportait guère que quinze francs, et que les scélérats anglais qui sont des gens pratiques, avaient absolument abandonné l'assassinat, pour le vol.

Mercredi 9 décembre. — Maupassant serait attaqué de la folie des grandeurs, il croirait qu'il a été nommé comte, et exigerait qu'on l'appelât : « Monsieur le comte. »

Popelin, prévenu qu'il y avait un commencement de bégayement chez Maupassant, ne remarquait pas, cet été, ce bégayement chez le romancier, à Saint-Gratien, mais était frappé du grossissement invraisemblable de ses récits. En effet, Maupassant parlait d'une visite faite par lui à l'amiral Duperré, sur l'escadre de la Méditerranée, et d'un nombre de coups de canon à la mélinite, tirés en son nom et pour son plaisir, coups de canon allant à des centaines de mille francs, si bien que Popelin ne pouvait s'empêcher de lui faire remarquer l'énormité de la somme. L'extraordinaire de ce récit, c'est que Duperré à quelque temps de là, disait à Popelin qu'il n'avait pas vu Maupassant.

Jeudi 10 décembre. — Dîner chez les Daudet, avec Barrès. L'homme a une élégance fluette, élancée, et des yeux d'une douceur charmante.

Il me parle de Nancy, de la maison où je suis né, puis il saute aux journaux de Mlle Bashkintseff, publiés incomplètement, et dont la collection innombrable de petits cahiers lui monterait — par un geste qu'il fait de la main — lui monterait jusqu'à la ceinture : gigantesque confession, où il y aurait en tête une moquerie de la manie de poser de Stendhal, avec toutefois l'aveu que la chose est tentante.

A Barrès succède près de moi, le jeune Rosny, qui me dit être content du livre écrit, dans le moment, en collaboration avec son frère, que le livre est passionné, renfermant de la belle passion pas dramatique. Il m'avoue, qu'ils sont en train de vivre en plein populaire, proclamant que ces gens, sont très supérieurs dans le dévouement et le sacrifice, aux gens éclairés, peut-être par une espèce d'inscience,

Dimanche 13 décembre. — On exaltait Veuillot, et Hennique disait ses douloureuses dernières années. Il était encore maître de ses pensées, et pouvait les formuler par la parole, mais il ne pouvait plus sur le papier, leur donner la forme écrite. On se figure l'enragement chez le merveilleux pamphlétaire, de ne pouvoir plus continuer à être un journaliste.

Mercredi 16 décembre. — Duo avec Bracquemond.
« Corot : un enveloppeur d'aube et de crépuscule. — Théodore Rousseau : un sublime découpeur. — Turner : une pierre précieuse en liquéfaction. »

Jeudi 17 décembre. — Ce matin, pas bien, mais pas bien du tout. Demande à Daudet de m'avoir une consultation de Potain, et de venir un peu causer affaires sérieuses.

Dans la fièvre de cette nuit, un cauchemar cocasse. Une demoiselle, à laquelle j'ai fait la cour, dans les temps passés, arrivant dans un grand manteau de deuil, de la traîne duquel sortait soudain, un petit prêtre, pareil à ces diablotins jaillissant d'une boîte, qui, un papier à la main, l'étendait sur mon lit, et me faisait signer un mariage *in extremis.*

Samedi 19 décembre. — Ce matin tombe chez moi, envoyé par Daudet, Barié le bras droit de Potain. Auscultation des plus complètes, où il me dit qu'il y a dans le dos, bien des petites choses à droite, bien des petites choses à gauche, pas tout à fait satisfaisantes, mais que les poumons sont en bon état, et qu'il n'y a pas à craindre une fluxion de poitrine.

Lundi 21 décembre. — Jamais, je crois, je n'ai eu de faiblesses de tête et de corps, ressemblant plus aux faiblesses qui précèdent la mort. Cependant aujourd'hui, il y a un peu de mieux, et avec ce mieux, la rentrée dans ma cervelle de projets, de choses en avant, que je n'avais plus du tout, ces jours-ci.

Lundi 28 décembre. — Voilà, tout près d'un mois, que je n'ai mis le pied dehors, et je commence à avoir un envie de la marche dans les rues de Paris, du badaudage devant les étalages, de la poussée de certaines portes de marchands.

Et ce soir, je me suis mis à *reregarder* des impressions japonaises et des porcelaines de Saxe.

FIN DU HUITIÈME VOLUME

TABLE ALPHABÉTIQUE DES NOMS

A

Adam (Mme), 104.
Aetus, 269.
Aimée (Mlle), 135.
Ajalbert (Jean), 134, 159, 187, 191, 201, 203, 204, 207, 242.
Alexandre (Mme), 198.
Alexis (Paul), 5, 34, 133, 135, 137, 227.
Alvarez, 98.
Andlau (les d'), 82.
Anne Comnène, 77.
Antoine, 5, 8, 20, 26, 27, 28, 29, 31, 32, 36, 37, 45, 138, 159, 187, 191, 192, 201, 204, 243.
Apollonius, 269.
Aristogène, 267.
Arnim (le comte d'), 116, 117.
Arsinoé Philadelphe, 269.
Artaxerxès Mnémon, 212.
Attila, 80.

B

Balzac, 47, 48, 49, 50, 181, 183.
Banville (Théodore de), 218, 219.
Barante (M. de), 157, 158.
Barbey d'Aurévilly, 47.
Barbier (Mlle), 6.
Barié, 290.
Barny (Mme), 29.
Baron, 227.
Barrès, 288, 289.
Bashkirtseff (Mlle), 288.
Baudelaire, 59, 70, 78, 189, 235, 236.
Bauër, 186, 236, 278.
Becker, 187.
Beethoven, 90.
Belot (Adolphe), 127.
Benedetti (fils), 169.
Béranger, 93.
Bérendsen, 23.
Berthet (Élie), 127.
Besenval (le baron de), 119.
Bing, 11, 218.
Bismarck, 75, 159.
Blanche (le D^r), 24, 271.
Blanche, 6, 19, 118.
Blarenberg, 87.

Blowitz, 115, 116, 117.
Boisgobey (Fortuné du), 127, 140.
Bonnières (Robert de), 220.
Bonvalot, 186.
Borelli (le comte), 143.
Bossuet, 184.
Bouchard, 150, 151.
Boucher, 76, 147, 234.
Bouillon, 19.
Boulanger (le général), 12, 75, 87, 96, 97.

Bourgeois, 206, 207.
Bourget (Paul), 6, 155, 235.
Boussod, 236.
Brachet, 74.
Bracquemond, 289.
Brandès (le critique), 99.
Bressant, 31.
Burguet, 102, 134.
Burty, 108, 127, 156, 160, 218.
Byron, 280.

C

Callias, 153, 154.
Callias (Mme), 94.
Canrobert, 121.
Carcano, 98.
Carlyle, 182, 260.
Carnot, 7, 22, 50.
Carpeaux, 105.
Carrière, 99, 159, 160, 190, 202, 212, 231, 236.
Céard (Henri), 186.
Cernuschi, 63, 64.
Cézanne, 70.
Chabrier, 215.
Chamfort, 238.
Champcenetz (Mme de), 234.
Chapier, 84.
Chapu, 184, 185.
Charcot, 53, 109, 150.
Chardin, 147.
Charlemagne (le général), 172.
Charlemont, 98.
Charpentier (les), 63, 65, 215, 256.
Chartres (le duc de), 120.

Chateaubriand, 284.
Chenavard, 162.
Chénier (André), 200.
Chéret, 144, 145.
Chopin, 90.
Chrysippe d'Alabanda, 267.
Claretie (Jules), 37.
Clotilde de Surville, 44.
Cogniard, 103.
Conquet, 218.
Constable, 120, 124.
Constans, 215.
Coppée (François), 6, 256, 257.
Corneille, 238.
Corot, 162, 163, 289.
Corrège, 64.
Cottin (Mme), 31.
Courbet, 64.
Cousin, 170.
Crémieux, 143.
Crosnier (Mme), 222, 223.
Crozat, 119.
Cuvier, 97.

D

Danloux, 119.
Danton, 156.
Dardoize (Mme), 76, 165.
Darius, 212.
Daubigny, 20.
Daudet (Alphonse), 15, 22, 23, 30, 39, 41, 47, 59, 60, 72, 74, 77, 78, 90, 93, 97, 101, 102, 123, 126, 127,

129, 149, 164, 165, 184, 188, 189, 197, 198, 199, 201, 208, 212, 215, 225, 227, 228, 229, 235, 238, 240, 241, 242, 259, 260, 261, 275, 276, 277, 278, 280, 284, 289, 290.
Daudet (Mme), 21, 24, 25, 27, 41, 279.
Daudet (Léon), 41, 53, 96, 148, 101.

166, 209, 241, 248, 257, 262, 283.
Daudet (Edmée), 163.
Daudet (les), 5, 7, 21, 130, 186, 209, 221, 256, 288.
Daudet (Ernest), 210.
David, 71.
Dayot (les), 63, 65.
Delacroix (Eugène), 71, 147.
Delâtre, 20.
Delaunay, 31.
Delescluse, 277.
Delessert (les), 24.
Delzant (Alidor), 156.
Demetria, 269.
Denis (hipparque des hommes), 268.
Derembourg, 26.
Descartes, 284.

Descaves (Lucien), 107, 140, 142.
Detaille, 138.
Diderot, 108.
Dieulafoy (le D^r), 35, 56.
Dino (la duchesse de), 158.
Dostoievsky, 174, 259.
Dubreuilh, 283.
Drumont (Edouard), 75, 76, 77, 78, 148, 154.
Dulac (le Père), 77.
Dumas père, 230, 231.
Dumas fils, 152.
Duměny, 222.
Dumoulin (le peintre), 108.
Duperré, 288.
Dupré (Victor), 162, 163.
Durand, 103.
Duret (Théodore), 190.

E

Ennery (Adolphe d'), 19.
Evans, 167.

Evergete II, 268.

F

Fénelon, 281.
Fenimore Cooper, 81.
Feuillet (Octave), 64, 233.
Flaubert, 39, 46, 47, 53, 180, 181, 182, 183, 184, 185, 186, 250, 274.
Fleury (Mlle), 192.

Floquet, 215.
Forain, 144.
Fragonard, 272.
Frantz Jourdain, 59.
Fraville (M. de), 88.
Freycinet, 75.

G

Gabrielle d'Estrées, 198.
Gakutei, 216, 217.
Gallimard, 59, 61, 62, 100, 159, 190, 218.
Gambetta, 71, 91.
Gamboun, 208.
Gamahut, 198.
Gautier (Théophile), 103.
Gavarni, 119.
Gavarni (Pierre), 68, 248.
Gavarni (Jean), 135.
Gavarret, 156, 157, 158.

Geffroy (Gustave), 38, 59, 61, 100, 142, 166, 202.
Gibert, 8, 94.
Gille (Philippe), 153, 154.
Gilly (Numa), 40.
Goethe, 199.
Goya, 28, 54.
Gramont (la duchesse de), 57.
Greffulhe (la comtesse) 214, 232, 253, 254.
Grenet-Dancourt, 133.
Greuze, 234.

Gréville (Mme), 135.
Grévy (le président), 42.
Grosclaude, 238.
Groult, 119, 120, 123, 263, 282.

Guillaume II, 142.
Guimard (la), 282.
Guimet, 251.
Guyot (Yves), 204.

H

Hamel, 160.
Hamilcar, 182.
Hanotaux, 286.
Hanska (Mme), 49.
Hayashi, 78, 79, 216, 229, 230, 287.
Hayashi jeune, 171.
Hefner, 98.
Hennequin (Emile), 64.
Hennique (Léon), 8, 32, 144, 289.
Henri IV, 198.
Hérédia, 150, 199, 200.
Hermant (Abel), 65, 248.
Hermon, 267.

Hérode, 131.
Hervieu (Paul), 242.
Hoffmann, 45.
Hokousaï, 13, 79, 128, 168, 217.
Hortense (la reine), 252.
Horus, 268.
Houdon, 106, 254.
Huet, 19, 20.
Hugo, 103, 108, 161, 162, 172, 200.
Hugo (Georges), 74, 278.
Hugo (Jeanne), 161, 209, 275.
Huysmans, 60, 104, 197, 198, 212, 219, 236, 254.

I

Ibsen, 203, 235.

Ingres, 212.

J

Jacques, 12.
Janvier, 187, 192, 201.
Jésus, 132.
Jonckind, 189.

Joséphine (l'impératrice), 232.
Jouffroy, 14.
Jou-ô, 70.

K

Kalil-Bey, 64.
Kaminsky (Halperine), 259.

Koch (le D^r), 186.
Koning, 102.

L

Lafontaine (Victoria), 129.
Lafontaine (les), 129.
La Forge (Anatole de), 11.

Lalande, 97.
Lamartine, 73.
Lamballe (princesse de), 24.

Lapierre, 180.
Laplace, 97.
La Rochefoucauld, 252.
Larrey (le baron), 230.
Larroumet, 160.
Larousse, 10.
Lavisse, 159.
Lavoisier, 97.
Lavoix, 170, 176.
Layrle (l'amiral), 121.
Lebiez, 101.
Lefebvre de Béhaine (le comte), 179, 190.
Lemaître (Frédérick), 47, 103, 104.
Lenoir (Alfred), 105, 106, 128, 176, 232, 281.
Lepeintre (jeune), 103.
Lochus, 268.
Lockroy (Edouard), 21, 171.
Lockroy (Mme), 74, 161, 162, 173.
Lorrain (Jean), 198, 236.
Loti, 101, 102, 225.
Louis XV, 128, 197.
Louis XVI, 170.
Louis-Philippe, 226.
Louis-Napoléon (le prince), 127.
Lovenjoul (M. de), 47, 48, 49.

M

Macari, 98.
Mac-Mahon, 121.
Madeleine, 130, 131.
Magnard (Francis), 188, 211, 212, 258.
Mahéraulf, 68.
Malhéné, 278.
Manet, 54, 70.
Mantegna, 111.
Marbot, 260.
Margueritte (Paul), 155, 175.
Marguery, 44.
Marie-Jeanne, 84.
Marino Soccino de Vecchietta, 95.
Marillier (M.), 8.
Marin, 84, 272.
Marivaux, 206.
Marmottan, 210.
Marot, 200.
Martin (le D^r), 154.
Maspero, 106.
Maupassant, 23, 59, 122, 180, 184, 186, 233, 287, 288.
Mathilde (la princesse), 56.
Meilhac, 133.
Meissonier, 110.
Mellin de Saint-Gelais, 200.
Ménard-Dorian (les), 63, 74.
Mennechet, 186.
Mérimée, 176.
Métenier (Oscar), 5, 135, 137, 138.
Métra, 153.
Michelet, 182, 260.
Millerand, 206, 207.
Millet (François), 58.
Mévisto, 16, 20, 21, 26, 28, 29.
Mirbeau (Octave), 59, 60, 67, 69, 82, 186, 193, 220.
Mistral, 72, 73, 74, 276.
Molière, 41, 90.
Moltke (de), 44.
Monet, 59, 70.
Montesquieu, 284.
Montégut (Louis), 37, 146.
Montégut (les), 210.
Montesquiou (Robert de), 252, 253, 254, 255.
Moreau (Gustave), 263.
Morès (le marquis de), 148.
Morny (le duc de), 77, 287.
Moser, 285.
Murat, 92.
Musset (Alfred de), 235.

N

Napoléon Ier, 50.
Napoléon III, 50, 183.
Nau (Mlle), 192, 201, 203, 207.
Neuilly (Mlle de), 29.

Nicolardot, 6.
Nicolle. 210, 211.
Nieuwerkerke, 128.

O

Obernitz (le général), 82.
O. Connor, 84, 86.
Oliphant (lord), 116, 117.
Orchardson, 99.

Osoroéris, 268.
Oudinot (le maréchal), 82.
Outamaro, 174, 216, 229, 230, 235, 247.

P

Pana, 269.
Pardo Bazan, 63.
Pascal, 189.
Pchelcons, 269.
Pélagie, 8, 34, 65, 187, 244, 279.
Péronneau, 120.
Petit, 108.
Pétrone, 227.
Philometor, 268.
Pillaut, 45, 122.
Plutarque, 96.
Poictevin (Francis), 14, 189, 213.

Poë, 173, 189.
Poëris, 269.
Pompadour (Mme de), 234.
Popelin (Claudius), 288.
Porel, 7, 15.
Potain, 150, 210, 290.
Pourtalès, 57.
Pradon, 122.
Prieur de Blainville, 282.
Ptolémée (le dieu), 269.
Ptônis, 269.

R

Rabelais, 93.
Rachel, 222, 230.
Racine, 122.
Raffaëlli, 22, 61.
Ramsès, 264.
Rattier (Léon), 81, 87.
Reggio, (la duchesse de) 165.
Regnault, 105.
Réjane, 4, 6, 16, 133.
Relon, 269.
Rembrandt, 72, 263.
Renan, 21, 174, 177, 178, 188, 211, 213, 214.

Rhompsonitos (le roi), 106.
Richelieu (la duchesse de), 56.
Richet (le D^r), 13.
Rico, 98.
Riesener (Mlle), 162.
Risler (les filles de), 146.
Ritzouo, 216, 217.
Robin (le Dr Albert), 63.
Rochefort, 92.
Rodenbach, 147, 189, 241.
Rodin, 67, 261.
Rœderer, 68.
Rollinat, 93, 94.

TABLE ALPHABÉTIQUE DES NOMS.

Ronsard, 200.
Rops, 44.
Roqueplan, 103.
Rosny, 22, 33, 39, 45, 104, 223, 228, 239.
Rothschild (Edmond), 56.

Rothschild (les), 124, 125, 151.
Rousseau (Jean-Jacques), 170.
Rousseau (Théodore), 162, 163, 289.
Royer-Collard, 156, 157, 158.
Rubens, 54, 72, 263.

S

Saint-Paul, 71.
Saint-Victor (Paul de), 156.
Sarcey (Francisque), 204, 222, 250.
Schœlcher, 210.
Scholl (Aurélien), 19.
Se-Kherta, 266.
Seti II, 264.
Seymour-Haden, 4, 20.
Shah de Perse (le), 80.
Shakespeare, 17, 18, 90, 187.
Shitei Samba, 41.
Sichel (Philippe), 199.

Simon (Jules), 210, 278.
Simond (Valentin), 277.
Skobeleff, 110.
Smin, 270.
Socrate, 97.
Soulavie, 128.
Spuller, 160.
Stanley, 123.
Stevens (Alfred), 58, 59.
Sully Prudhomme, 282.
Swift, 238.
Swinburne, 255.

T

Tahet (la femme), 269, 270.
Taine, 250, 280.
Taketem (la femme) 269.
Tanetem (la femme), 269.
Teniers, 99.
Tezenas, 142.
Thaulow, 153.
Théocrite, 72.
Theos (la femme), 270.

Thiers, 26, 116, 117,
Tintoret (le), 72, 263.
Tissot (James), 110, 126, 130, 131, 133.
Toudouze (Gustave), 59.
Tourgueneff, 173.
Toyokouni, 225.
Tronquoy, 119.
Turner, 124, 263, 289.

V

Vacquerie, 103.
Valadon, 236.
Vanloo, 280.
Vapereau, 92.
Varennes (le marquis de), 248.
Varly (Mlle), 30.
Vélasquez, 72, 99, 263.
Vesins (Mme de), 82.

Veuillot, 92, 280.
Villard, 209.
Villedeuil (le marquis de), 124.
Villemain, 170.
Vinci, 200.
Virgile, 72.
Vitu (Auguste), 35, 138, 139.
Voltaire, 76, 108, 157, 199.

W

Wagner, 143, 146.
Wagram (le prince de), 57.
Watteau, 119.

Whistler, 252, 253.
Wilkie, 99

Y

Yriarte (Charles), 110, 117.

Z

Zeller (les), 271.
Zola (Émile), 5, 8, 10, 33, 140, 174, 180, 184, 186, 224, 256, 257, 258.
Zola (les), 65, 256.

TABLE DES MATIÈRES

Pages.

Année 1889. 3
Année 1890. 115
Année 1891. 197

G. CHARPENTIER ET E. FASQUELLE, Éditeurs, 11, rue de Grenelle, Paris.
Extrait du Catalogue de la BIBLIOTHÈQUE-CHARPENTIER
A 3 FR. 50 LE VOLUME

GONCOURT (Edmond de)

LA FILLE ÉLISA	1 vol.
LES FRÈRES ZEMGANNO	1 vol.
LA FAUSTIN	1 vol.
CHÉRIE	1 vol.
LA MAISON D'UN ARTISTE AU XIXᵉ SIÈCLE	2 vol.
LES ACTRICES DU XVIIIᵉ SIÈCLE { MADAME DE SAINT-HUBERTY	1 vol.
MADEMOISELLE CLAIRON	1 vol.
LA GUIMARD	1 vol.
LES PEINTRES JAPONAIS. Outamaro, le peintre des *Maisons vertes*	1 vol.

GONCOURT (Jules de)

LETTRES, précédées d'une préface de H. Céard	1 vol.

GONCOURT (Edmond et Jules de)

EN 18**	1 vol.
GERMINIE LACERTEUX	1 vol.
MADAME GERVAISAIS	1 vol.
RENÉE MAUPERIN	1 vol.
MANETTE SALOMON	1 vol.
CHARLES DEMAILLY	1 vol.
SŒUR PHILOMÈNE	1 vol.
QUELQUES CRÉATURES DE CE TEMPS	1 vol.
PAGES RETROUVÉES, précédées d'une préface par Gustave Geffroy	1 vol.
IDÉES ET SENSATIONS	1 vol.
PRÉFACES ET MANIFESTES LITTÉRAIRES	1 vol.
THÉÂTRE (Henriette Maréchal. — La Patrie en Danger)	1 vol.
PORTRAITS INTIMES DU XVIIIᵉ SIÈCLE	1 vol.
LES ACTRICES DU XVIIIᵉ SIÈCLE (Sophie Arnould)	1 vol.
LA FEMME AU XVIIIᵉ SIÈCLE	1 vol.
LA DUCHESSE DE CHATEAUROUX ET SES SŒURS	1 vol.
MADAME DE POMPADOUR	1 vol.
LA DU BARRY	1 vol.
HISTOIRE DE MARIE-ANTOINETTE	1 vol.
HISTOIRE DE LA SOCIÉTÉ FRANÇAISE PENDANT LA RÉVOLUTION	1 vol.
HISTOIRE DE LA SOCIÉTÉ FRANÇAISE PENDANT LE DIRECTOIRE	1 vol.
L'ART DU XVIIIᵉ SIÈCLE. *Trois séries* : Watteau; Chardin; Boucher; Latour; — Greuze; Les Saint-Aubin; Gravelot; Cochin; — Eisen; Moreau; Debucourt; Fragonard; Prud'hon	3 vol.
GAVARNI. — L'Homme et l'Œuvre	1 vol.
JOURNAL DES GONCOURT. Mémoires de la vie littéraire	8 vol.

Paris. — Typ. Chameret et Renouard, 19, rue des Saints-Pères. — 3260.

www.ingramcontent.com/pod-product-compliance
Lightning Source LLC
Chambersburg PA
CBHW071125160426
43196CB00011B/1807